La guía co
Shin Tzu

La guía indispensable para el dueño perfecto y un Shih Tzu obediente, sano y feliz

Condiciones de uso

Capítulo 1 - <u>**Adopción**</u>

Este capítulo trata precisamente de la etapa de adopción de un cachorro de Shih Tzu: dónde adoptar, qué hacer y, por supuesto, qué responsabilidades conlleva tener un perro.

Empecemos por la pregunta básica.

¿DÓNDE ADOPTAR A UNA PERSONA SIN HOGAR?

Si ya has adoptado al cachorro, puedes saltarte este párrafo. Si no es así, aquí es donde hay que acudir.

- ✓ A los criadores de confianza
- ✓ A un refugio de animales de confianza

Cuando se trata de criadores, sepa que lo primero en lo que debe fijarse es en que trabajen por amor a los perros y no por dinero. De hecho, es una profesión que rara vez da grandes beneficios si el trabajo se hace de forma ética.

Voy a enumerar algunas formas sencillas y eficaces de distinguir un buen criador de uno equivocado.

Un criador de confianza...
- ✓ Cría a los perros en su propia casa para que se acostumbren a los humanos desde una edad temprana;
- ✓ protege a los cachorros de las enfermedades genéticas y proporciona certificados a petición;
- ✓ te hace muchas preguntas sobre tu estilo de vida, el entorno en el que vives y cualquier experiencia que tengas con los animales de compañía;
- ✓ sólo cría unos pocos perros, dos razas como mucho;
- ✓ no cría más que un par de camadas al año.

De un criador reputado puedes tener un Shih Tzu pequeño que goza de buena salud física y mental, que ha aprendido a socializar y que no tendrá potenciales con los que tendrás que lidiar en el futuro.

Recuerde: al comprar a un criador sin formación, no sólo se está perjudicando a sí mismo y a su familia, sino que también está permitiendo que el criador tenga demasiados cachorros de forma imprudente (más sobre esto más adelante).

Encontrar un buen criador no es necesariamente difícil. Puedes empezar por asistir a exposiciones caninas y unirte a clubes.

Hablando con propietarios de perros, puedes obtener información y consejos útiles, y no sólo sobre los criadores.

Cuando hayas encontrado uno, por supuesto que le harás una visita.

Si se trata de un profesional serio, encontrará cachorros limpios, bien peinados, tranquilos y sanos.

También te será muy útil conocer a la madre, para hacerte una idea de cómo será tu cachorro.
Cuando se recurre a los refugios de animales, la situación cambia naturalmente.

Sin duda, estos son excelentes lugares para adoptar un cachorro. No todos los refugios tendrán siempre un Shih Tzu para ti, pero es posible que te coloquen en una lista de espera.

Como sabes, los perros y los cachorros no están en los refugios por culpa suya. Muchos han sido expulsados por sus dueños, de forma descuidada e injusta, por diversas razones, que van desde problemas económicos hasta el fin de las relaciones, la llegada de un recién nacido, la falta de tiempo, etc.

Hay que recordar que los perros que viven en un refugio pueden resultar agitados y nerviosos con su segunda familia. Hay que entender que han sufrido un gran trauma y han sido abandonados por otros humanos.

Así que les llevará un tiempo confiar en su nueva familia y adaptarse a su nuevo entorno. Todas estas son cosas que hay que tener en cuenta a la hora de acercarse a una perrera.

Cuando se trata de Shih Tzus rescatados del abandono, se puede decir, sin embargo, que en su mayor parte el "camino está pavimentado": los adultos, de hecho, ya han tenido un entrenamiento y, por lo tanto, ya conocen algunas órdenes, que aprendieron muy rápidamente.

También hay que decir que un ejemplar de esta raza es mucho más barato si se adopta en una protectora (se suele pagar una cuota de adopción) en lugar de en un criador.

Es prácticamente diez veces más barato.

Ahora puedes pensar que los perros de la perrera están enfermos... Puede ocurrir, pero serás consciente de ello porque te darán certificados. Y luego, en caso de problemas de salud, se le informará de los tratamientos a realizar, para que esté informado y pueda decidir según sus posibilidades y necesidades.

Los refugios realmente hacen todo por sus animales, y también hacen todo para que sus vidas sean felices y alegres. Muchos perros son capaces de mostrar su gratitud a sus nuevos dueños, que les han dado una segunda oportunidad.

Una recompensa emocional que permite a la mascota ser capaz, con el tiempo, de construir un vínculo con su nuevo dueño aún más fuerte que el anterior.
En la adopción del Barbone te aconsejo que lo evites:

- "fábricas de cachorros"
- tiendas de animales
- criadores poco fiables y poco profesionales

Las fábricas de cachorros no son más que lugares donde los autodenominados criadores se ocupan de muchas razas populares en busca de dinero fácil.

En estos casos, por supuesto, es evidente la mala calidad de vida de los perros, la falta de atención a la higiene y nutrición de las crías y la falta de afecto que se les demuestra. Los cachorros son realmente miserables allí.
Por supuesto, puede estar mal decirlo, pero desaconsejo encarecidamente comprar cachorros en estas condiciones: acabarás apoyando el negocio de estas personas codiciosas a las que les importan poco los animales. Muchas personas no compran en estos lugares con la esperanza de que cierren pronto y dejen de tratar a los cachorros de esta manera.

¿Las consecuencias de estas actividades?

Los pequeños suelen crecer con un montón de problemas, que van desde diversos trastornos mentales hasta males físicos, debido, por supuesto, a la falta de nutrición y cuidados.

Así que te pido que evites a toda costa estas "fábricas de cachorros": no lo hacen por amor a los perros, sino por dinero. La codicia corrompe, y los cachorros se venderán a precios cada vez más altos siendo tratados cada vez peor.

Sin embargo, sobre el tema de la tienda de mascotas, sepa que probablemente son los amantes del dinero de los que acabamos de hablar los que abastecen las tiendas. De hecho, las fábricas de cachorros existen por la única razón de que existan las tiendas de animales.

Los perros están confinados en una jaula solos o con uno o dos cachorros más.

Están tristes, no hacen el ejercicio necesario para su bienestar y no reciben la atención, los cuidados y la nutrición adecuados. A menudo se les maltrata hasta tal punto que luego sufren problemas de comportamiento, emocionales y físicos.
También puedes optar por comprar en una tienda de animales si realmente te has enamorado de un cachorro... Pero ten cuidado: tendrás que asegurarte de que el bebé está realmente sano, tanto mental como físicamente, lo cual es muy importante para un entrenamiento educativo exitoso.

Cuando hablo de criadores poco profesionales, me refiero a personas que no se preocupan por la salud genética del cachorro, no persiguen los rasgos deseables o incluso el bienestar de los perros.

Sólo crían perros apartándolos de la socialización humana. La alimentación también será un gran problema en este caso, porque hacen todo lo posible para minimizar los costes y maximizar los beneficios. Así que los cachorros no reciben la atención que necesitan y son alimentados con mala comida.

Además, intentan que las hembras críen muy a menudo. ¿El resultado? Muchos cachorros poco saludables y con bajo peso. Por supuesto, es fácil dejarse convencer por estos falsos criadores.

Las personas inexpertas confían sin entender lo que ocurre y a menudo se les dice que los perros ya han sido examinados para detectar enfermedades, pero nunca se les muestran las certificaciones.

Y sepa que hay muchas enfermedades que no aparecerán antes del primer o segundo año de vida del perro... Un buen criador no tiene problema en darle toda la información.

Pero ahora pasemos a otra pregunta sobre la adopción.

¿A QUÉ EDAD ADOPTAR A UN INDIGENTE?

En general, si quieres un recién nacido, el momento adecuado para adoptar es entre las ocho y las doce semanas de edad.

La adopción antes de las ocho semanas puede plantear también problemas de comportamiento.

Los cachorros de Shih Tzu juegan mordiendo a sus hermanos, y si se pasan de la raya el herido chillará y se negará a seguir con el juego. Esto enseña al perro que morder demasiado fuerte puede dañar al otro. Aprenderá a controlarse.

Por lo tanto, si se adquiere un cachorro demasiado pronto, no tendrá tiempo de aprender a manejar adecuadamente las mordeduras y no entenderá que puede causar dolor al mordedor.

Sin embargo, sepa que siempre es mejor adoptar un cachorro de Shih Tzu que un ejemplar mayor.

Estas son las ventajas de adoptar un perro joven:
- los comportamientos de tu cachorro aún no están fijados y puedes empezar a enseñarle el comportamiento correcto desde el primer día;
- su corta edad le permitirá adaptarse rápidamente a su hogar;
- serás su guía, y formaréis un fuerte vínculo.

(Puede que los cachorros te parezcan un poco chungos... pero no subestimes su ternura: ¡son preciosos pero no siempre dulces!)

Estas son las ventajas de adoptar un ejemplar adulto:
- ya puede controlar su vejiga;
- pueden haber sido ya formados;
- Los rasgos de la personalidad ya empiezan a surgir, así que sabrás qué esperar.

Tener un Shih Tzu sigue siendo una gran responsabilidad.

Adoptar una mascota no tiene por qué ser un impulso del momento. Tendrás que estar muy seguro de que tienes suficiente tiempo, dinero y de que sabes asumir toda la responsabilidad de la pequeña criatura.

Sólo así podrás hacer que sea feliz, sano y obediente.

ADOPCIÓN, REGISTRO Y VACUNACIÓN: qué más hay que saber.

El pedigrí de un cachorro ya debería haber sido registrado por el criador.

Deberá disponer de todos los documentos de autentificación.

Incluso si las certificaciones no le interesan, puede estar seguro de que está pagando el precio correcto. Una vez completada la "transacción", el criador necesitará que usted rellene un registro en su nombre.

Todos los cachorros necesitan tres series de vacunas durante varias semanas. Son necesarias para evitar contraer enfermedades mortales como la rabia y muchas otras.

Las crías que todavía están amamantando necesitarán esta protección temporal, que dejará de ser necesaria una vez que se hayan acostumbrado a comer comida normal para perros.

RESPONSABILIDADES *de la adopción.*

Un Shih Tzu requiere mucho trabajo, tiempo y responsabilidad. Aunque cada ejemplar tiene su propio conjunto de características y rasgos, los perros de esta raza comparten muchas cosas en común.

Le debes a tu cachorro demostrarle que sabes lo que hay que hacer y que puedes proporcionarle todo lo que necesita.

Es una responsabilidad que no debe tomarse a la ligera, entre otras cosas porque con los malos hábitos en cuanto a salud y adiestramiento, se pueden esperar muchos problemas, especialmente para los propietarios primerizos.

Al igual que la mayoría de las razas, a los Shih Tzus les encanta morder y masticar. Es un comportamiento normal: les ayuda a explorar el mundo que les rodea.

Así que... antes de adoptar un cachorro, responde a las siguientes preguntas:

1. ¿Dispondrás de veinte o treinta minutos al día para sacar al perro a pasear?
2. ¿Puedes pagar su comida?
3. ¿Puedes permitirte el coste de los medicamentos, las vacunas y el veterinario?
4. ¿Puede permitirse el gasto del control de pulgas?
5. ¿Tendrá tiempo para cepillar el Barbone al menos una vez a la semana?
6. ¿Tendrás tiempo para jugar con él todos los días?
7. ¿Tendrás dinero reservado por si necesita cirugías o visitas costosas?

8. ¿Podrá mantenerlo el resto de su vida?

Si no te es posible responder "Sí" a todas las preguntas, entonces deberías reconsiderarlo... y pensarlo realmente.

¿De cuánto tiempo libre dispone ahora? ¿Trabaja muchas horas al día? ¿Viaja mucho? ¿Tienes una vida social plena? ¿Eres teledependiente o sueles salir siempre?

Lo creas o no, tus rasgos tendrán un gran impacto en la formación de tu Shih Tzu.

Es desconsiderado y algo cruel dejar a tu mascota sin compañía y sin poder hacer ejercicio durante largos periodos de tiempo.

Recuerde: <u>UN BARBÓN MOLESTADO SERÁ UN BARBÓN DESTRUCTIVO</u>.

Si el perro está entrenado, aprende a socializar, se mantiene mentalmente sano y no presenta ningún riesgo para usted, su familia u otras personas.

Piénsalo... ¿Qué pasaría si el Shih Tzu atacara a una persona, a un niño o a otro perro?

Muchos también han ido a la cárcel o han pagado enormes sumas de dinero por culpa de perros incontrolables.

No dejes que te pasen cosas como esta.
Encontrar tiempo para satisfacer todas las necesidades de su Shih Tzu es la clave para una vida tranquila y feliz con él.

Si no tienes ninguno, puedes contratar a un paseador de perros, dejarlo en una guardería de mascotas cuando estés fuera o incluso pedir ayuda a un amigo o vecino. Lo importante es saber de antemano que podrá hacerlo.

No obstante, recuerde que, aunque es posible dejar a su pequeño con otras personas, el adiestramiento es principalmente tarea del propietario.

Esto se debe a que el perro necesita verte como su líder de manada; sólo entonces podrá confiar en ti, tomar ejemplo de ti y escucharte.

Si no pasas tiempo con tu mascota, no podrás desarrollar un vínculo con ella y, por tanto, no te obedecerá.

Capítulo 2 - <u>El cuidado y la atención necesarios</u>

Es el momento de sumergirse en todos los aspectos del cuidado de su cachorro o ejemplar adulto de Shih Tzu.

De hecho, este capítulo abarca la dieta, la nutrición, el ejercicio, el baño y mucho más.

Eso es lo que pasa después de traer a casa el pequeño...
¡Sí! El nuevo cachorro ha llegado a casa y rápidamente es el centro de atención de toda la familia. Tu trabajo es acostumbrarlo a su nuevo hogar lo más rápido posible.

Esta fase tendrá que pasarla de forma tranquila y reflexiva, para que no se produzca el más mínimo traumatismo en el pequeño y, en consecuencia, para evitar la frustración por tu parte.

La primera impresión, que tendrá un gran impacto en el comportamiento del Barbone, se producirá entre unas semanas y unos meses. Así que tómate un tiempo para pensarlo y no planees la mudanza precipitadamente: podría salir mal.

Se trata de un acontecimiento que cambia la vida de todo el mundo, y que requiere organización y preparación; ¡hay que pensar en ello con antelación!

A continuación se explica cómo preparar el hogar para su Shih Tzu.

El nuevo hogar es un entorno que se someterá a una cuidadosa exploración. También puede ser muy peligroso, ya que el cachorro puede explorar lugares que son perjudiciales para él.

Especialmente si, de hecho, ha adoptado un Shih Tzu pequeño: su tamaño le permite colarse en espacios reducidos y meterse en líos.

Por lo tanto, ya que su perro va a explorar la casa, tendrá que asegurarse de que los lugares prohibidos son realmente inalcanzables. La casa estará entonces llena de objetos masticables que pueden resultar peligrosos (como cables eléctricos, botellas de detergente y productos químicos, e incluso plantas) y causar graves daños; incluso podrían matar al cachorro.

Por eso deberías hacerlo:
1. retirar o colocar objetos peligrosos en lugares altos donde el cachorro no pueda llegar;
2. Disponer todos los cables a lo largo de las paredes y esconderlos bajo las alfombras;
3. cerrar todas las puertas de los armarios;
4. Poner todos los medicamentos y limpiadores fuera de su alcance;
5. asegúrese de que todos los valores estén en un lugar cerrado o elevado;
6. Retira los objetos pequeños (como partes de los juguetes de tu hijo) de su vista para que no pueda tragarlos;
7. asegúrese de que todas las instalaciones están fuera de su alcance.

Recuerde que los Shih Tzus son animales muy inteligentes e incluso aprenderán a abrir cajones y armarios.

Por eso es bueno cerrar bien estos lugares.

En este punto deberá preseleccionar la nueva zona de cachorros.

Este es un momento muy importante: esta zona se convertirá en el lugar privado donde tu bebé se sentirá cómodo y seguro siempre que lo necesite.

También es el lugar donde tendrás que guardar todos sus juguetes y el "lecho" de la cama de la perrera. Inicialmente, también te recomiendo que pongas algunos periódicos por todo su territorio, por si tiene que ir al baño de repente (lo que es probable, porque su vejiga aún no está completamente formada).

El nuevo entorno también puede ponerle nervioso, que es otro factor que provoca el orinamiento repentino.

También tendrá que preparar una zona donde el Barbone pueda hacer su ejercicio diario.

Normalmente hablamos del jardín o del patio trasero. Pasará mucho tiempo al aire libre, por lo que tendrá que preparar la zona para cuando llegue.

Si bien es un lugar agradable para su perro, puede contener varios objetos amenazantes que podrían hacerle daño.

Aquí se explica cómo protegerlo en el jardín:

1. Valla el jardín y asegúrate de que no hay ni un solo agujero en la valla (cuando un Shih Tzu corra... ¡tendrás que hacer kilómetros para volver a cogerlo!);
2. Elimine las plantas tóxicas que pueda masticar. Algunos pueden causar enfermedades, y la mejor cura es la prevención;
3. utiliza únicamente abonos que no son perjudiciales para los animales domésticos;
4. mantener las herramientas de jardín y los productos químicos fuera de su alcance;
5. no rocíe el césped con productos químicos nocivos.

He aquí una lista de plantas nocivas comunes que debería eliminar de su jardín para la seguridad de su mascota:
- narcisos;
- jacinto;
- de la cebolla;
- de tomate;
- lirio;
- adelfa;
- rododendro.

Sin embargo, recuerde que hay muchas otras plantas que son venenosas para los perros. Por lo tanto, debe consultar a su veterinario; él podrá darle información más específica sobre la seguridad de un Shih Tzu.

Y entonces... ¡comienzan las compras!

Antes de llevar a tu cachorro a casa, tendrás que comprar al menos algunos artículos básicos. Si nunca has tenido un perro, probablemente no tengas todos los elementos necesarios.

Aquí tienes una lista:
- ✓ comida durante al menos una semana;
- ✓ Producto recomendado por su veterinario o criador para prevenir el malestar estomacal y otras dolencias;
- ✓ cuencos de agua y comida;
- ✓ Juguetes seguros y aptos para cachorros (le mantendrán ocupado y feliz mientras intenta instalarse);
- ✓ collar y correa;
- ✓ al menos tres o cuatro toallas para que pueda tumbarse cómodamente y algunas para utilizarlas para bañarle y secarle cuando lo necesite;
- ✓ una chapa con el nombre del perro y tu número de teléfono o el del veterinario, por si se pierde;
- ✓ champús y sprays de limpieza aptos para cachorros (a menos que se trate de un Shih Tzu adulto);
- ✓ varios detergentes para limpiar sus residuos (para que no huela su orina);
- ✓ cepillo para perros.

No todo se utilizará desde el primer día en la casa, pero desde luego no está de más tenerlos ya disponibles.

El CARE "higiénico" y más.

Si un Shih Tzu no está acostumbrado a ser cepillado y limpiado desde cachorro, es probable que desconfíe de futuros intentos de hacerlo.

Se va a convertir en un problema mantenerlo limpio y ordenado si se asusta cada vez que lo intentas... ¡toda una frustración para los propietarios!

Hay una solución muy sencilla. El cachorro debe estar acostumbrado a la interacción física con los humanos desde el principio. Tendrás que acostumbrarlo a que le toquen el hocico, a que le abran la boca (¡muy brevemente!), a que le toquen la barriga, a que le agarren las patas, etc.

Recuerda también que es <u>importante elogiarle siempre que te lo permita</u>.

Utilizando este método, el perro no tendrá miedo cada vez que le toquen para cepillarlo, lavarlo, revisarlo o visitarlo en el veterinario.

Se recomienda una sesión de aseo semanal para mantener a su pequeño sano. De lo contrario, te arriesgas a que coja infecciones o acabe con infestaciones o lesiones. En esta fase, también es importante revisar sus orejas, así como su boca, nariz, ojos, pelaje y piel.

Si tienes niños pequeños, asegúrate de que se portan bien con el cachorro. Enséñales la forma correcta de manejarlo.

LA DIETA Y LA NUTRICIÓN.

Una alimentación sana y una nutrición adecuada son importantes para mantener a su Shih Tzu sano y feliz. Algunos investigadores afirman que la vida de un perro sería de veintiséis años si todos pudieran ser cuidados y alimentados de la manera correcta.

Se trata sobre todo de la dieta y la nutrición del perro, en particular de los efectos negativos de los alimentos comerciales.

Por ello, debes saber que es útil cambiar la dieta de tu cachorro muy rápidamente si le está causando vómitos, diarrea o ambos.

La inserción de un cachorro en un nuevo entorno implicará probablemente el cambio del tipo de alimentación al que estaba acostumbrado: es bueno saber que puede suponer una gran presión para él, hasta provocarle un nerviosismo excesivo, vómitos y dolor de estómago.

Así que tienes que intentar mantener los mismos hábitos alimenticios que tenía antes de instalarse en tu casa.

Si decides cambiar su dieta, debes hacerlo gradualmente para que se acostumbre a los nuevos sabores, textura de la comida, nuevos olores, etc. De lo contrario, puede reaccionar negativamente o incluso dejar de comer.

Si no estás seguro de cómo alimentar a tu cachorro, no dudes en contactar con tu veterinario. Aunque no pueda adiestrar a su cachorro, puede proporcionarle información valiosa en cuanto a la dieta y la salud.

A veces los dueños de perros se enfrentan a un verdadero dilema sobre qué comida dar a sus perros.

Tenga en cuenta que estos animales suelen preferir los alimentos húmedos de las latas: son más aromáticos que las croquetas secas, una agradable tentación para el paladar del perro. Sin embargo, la salud dental de su perro se mantiene gracias a su capacidad para masticar algo duro, como objetos y alimentos crujientes.

Entonces, ¿cuál es la opción correcta?

Algunas personas adoptan un enfoque doble con sus Shih Tzus. **Mezclan una porción de alimento seco con comida enlatada**, proporcionando al perro lo mejor de ambas comidas.
Por lo tanto, si está alimentando a su perro con comida enlatada, no tendrá ningún problema en complementar las comidas con algo que realmente se pueda masticar, como las croquetas.

 También puedes regalar a tu amigo de cuatro patas juguetes para perros y/o galletas.

Recuerde también que la salud de un Shih Tzu depende en gran medida del valor nutricional de la comida. Pues vigila tus compras.
Desgraciadamente, cuando se trata de comida para perros, se obtiene lo que se paga.

Algunas marcas y sub-marcas producen preparados con ingredientes menos costosos y muchos rellenos. Seguro que lo alimentan, pero no siempre son la mejor opción.
Las marcas más caras, que se anuncian como "especialmente formuladas", en realidad sólo lo son relativamente.

Definitivamente, tienen ingredientes de mayor calidad que se adaptan mejor a las necesidades del perro, pero siempre habrá algo malo en ellos. Así que la elección nunca es perfecta.

Sin embargo, durante las visitas regulares, su veterinario examinará los dientes del Barbone y le alertará de cualquier problema que deba ser corregido con un tipo de alimento diferente o con suplementos nutricionales.

La razón por la que los perros necesitan poder masticar materiales duros es doble. En primer lugar, no sólo sus dientes se mantienen fuertes, sino que también se entrenan los músculos de la mandíbula.

Sin embargo, la masticación también proporciona un tipo de cuidado dental. Los dueños deben cepillar los dientes de los perros al menos dos veces por semana, pero si eso no es posible recuerde que los alimentos crujientes, como las croquetas y las galletas, actúan como una especie de cepillo de dientes natural para el perro, ablandando la placa y el sarro.

Por eso es importante elegir el alimento adecuado, tanto para sus necesidades nutricionales como para su buena salud dental.

Por lo tanto, si prefiere proporcionar a su mascota alimentos húmedos enlatados, recuerde siempre darle también algo a lo que hincarle el diente.
Ten en cuenta también que un cachorro debe ser alimentado dos veces al día (a menos que el veterinario indique lo contrario).

Puede ser necesario convencerle de que coma a horas concretas cada día: será un uso de la comida como extensión de la formación educativa.

A medida que el Shih Tzu se acostumbra a comer del cuenco, tú también deberías hacerlo:

- hazle esperar hasta que tú y toda la familia hayáis terminado de comer;
- siéntalo antes de darle de comer;
- Quítale la comida de vez en cuando antes de que empiece a comer. Se lo devolverás cuando se haya calmado: esto reducirá la posesividad del cachorro hacia la comida y otras cosas.

Alimentar al cachorro dos veces al día es importante, pero esto debe basarse en el ejercicio que haga. A continuación, será importante asegurarse de que no se percibe grasa por encima de las costillas, recordando sin embargo que éstas tampoco deben sobresalir.

Es importante no darle golosinas fuera de las comidas a menos que haya una razón válida (por ejemplo, como premio durante el entrenamiento). Si tienes alguna duda, no dudes en pedir consejo a tu veterinario.

Las fases de CRECIMIENTO de un Shih Tzu.

Las necesidades de tu perro cambiarán en cada etapa de su vida, por lo que es importante tener un conocimiento básico de tu mascota para poder hacerlo todo bien, con los cuidados, la atención, el afecto, la disciplina, la alimentación y el ejercicio adecuados.

Al conocer la velocidad, la capacidad de aprendizaje y la personalidad del Shih Tzu, se le facilitará la comprensión de sus patrones de desarrollo; lo que le ayudará a prevenir ciertos problemas de comportamiento (como la desobediencia, la agresión y la dominancia).

Recuerde siempre que no debe pedir demasiado al Barbone en las primeras etapas de su vida. Eso sería como pedirle a un niño que conduzca un coche... ¡demasiado!

Al descuidar aspectos del desarrollo del perro (como la socialización y el adiestramiento de obediencia), se mostrará inculto, inseguro y agresivo. Porque no será capaz de reconocer su lugar dentro de la familia.

A partir de las doce semanas de edad ya debe presentar todas las características de su personalidad y temperamento.

Pero intentamos conocer todas las etapas de su vida para conocerlo mejor y formarlo adecuadamente.

→**Desde el nacimiento hasta las dos primeras semanas de vida.** Este es un momento muy delicado para el cachorro. A no ser que tengas a mamá en casa, sólo lo verás en una fase posterior a la adopción.

Durante este tiempo el criador lo dejará mucho con su mamá, descansando con sus hermanitos. La principal preocupación será la alimentación, la temperatura (el calor) y el sueño.

La madre se ocupará de los dos primeros y el profesional (o usted, en caso de que la madre esté en casa) se encargará de que los cachorros estén en un lugar tranquilo donde puedan descansar y crecer sin ser molestados.

→**De tres a cuatro semanas de edad.** Este es el periodo en el que el cachorro empezará a fijarse en el mundo que le rodea y a interesarse por lo que ocurre a su alrededor. Debe aprender a caminar, a ladrar, a gemir, etc.

En este momento es más seguro manipular a tu cachorro y exponerlo al ruido y a la vida cotidiana, pero recuerda que aún es bastante pequeño y siempre necesita mucha tranquilidad y descanso, lo que le ayudará a crecer sano. A esta edad también puedes empezar a introducirles en la comida.

→**De cinco a siete semanas de edad.** A esta edad, su Shih Tzu mostrará aún más interés por el mundo que le rodea. Comenzará a jugar con sus hermanos y a interactuar un poco con los humanos. Comenzará a explorar durante gran parte del día.

El cachorro debe caminar sin problemas y tener acceso a lugares que antes eran inaccesibles para él. El proceso de destete debería ser más intenso aquí y el Shih Tzu comenzará a mostrar algunos de sus rasgos de personalidad.

→**De ocho a diez semanas de edad.** Por lo general, este es el momento en el que es adoptado y en el que puede comenzar el entrenamiento. Por supuesto nada pesado al principio. Como sabes, es importante no presionarle demasiado.

En este momento, su capacidad de socialización voluntaria aumentará y querrá interactuar con muchos humanos. A esta edad, el cachorro tendrá un deseo aún mayor de explorar y acceder a lugares que también podrían meterle en problemas. Por eso es necesario preparar la casa para su llegada.

→**De once a doce semanas de edad. A** estas alturas, su Shih Tzu debería ser un hombrecito hecho y derecho, con grandes habilidades sociales y, con suerte, un buen humor constante. En este punto tendrás una idea de cuál será su personalidad. Este es un buen momento para empezar a tratar de educarle adecuadamente y de forma más compleja.

→**Después de 12 semanas de edad.** Cuando el cachorro es todavía un bebé necesitará mucho descanso. Pero sus necesidades cambiarán rápidamente, crecerá y desarrollará la necesidad de hacer ejercicio, de jugar, de explorar y, por supuesto, de recibir mucho cariño. Por lo tanto, será necesario no subestimar su necesidad de atención incluso durante este período de su "adolescencia".

Los perros necesitan atención para tener una salud óptima. Los especímenes adultos y mayores necesitan más cuidados y compasión que los jóvenes.

A medida que crece, el principal objetivo de su cachorro es su entorno, y la atención puede parecer sólo un extra. Pero no... porque empezará a centrarse también en ti, su dueño.

Recuerda que la dieta también es importante en este momento de su vida, y que sus necesidades cambiarán a medida que crezca. Por lo tanto, puede ser necesario "ajustar" la dieta, siempre con vistas a una nutrición equilibrada y saludable.

→La edad adulta. El cachorro ya no es un cachorro. Notarás que no estará tan activo como antes, por lo que no siempre buscará el movimiento sino también el descanso.

Al igual que los recién nacidos, los Shih Tzus adultos necesitan mucho descanso, y la dieta debe elegirse cuidadosamente para garantizar una nutrición adecuada.

Todo esto le ayudará definitivamente a entender a su mascota y a cuidarla según las etapas de su vida. Pero ahora sigamos adelante.

Juguetes para perros.

Una de las mejores cosas que puede hacer por su Shih Tzu es invertir en una variedad de juguetes masticables con los que pasará su tiempo y drenará el exceso de energía, o simplemente reducirá el estrés.

Masticar es una actividad diaria para todos los perros, y a menudo debe recompensar a su cachorro con juguetes que puedan disuadirle de masticar alfombras, zapatos y objetos diversos.

Se trata de una actividad inevitable, así que aunque el Shih Tzu se canse de los juegos, las carreras y los ejercicios, seguirá insistiendo.

Es un rasgo común de casi todos los perros del mundo, y nunca hay que intentar erradicarlo.

Por eso, si no le proporcionas al tuyo una amplia variedad de juguetes aptos para masticar, desviará su atención hacia otras cosas, como el sofá, tus zapatos nuevos o el mando a distancia....

Tener muchos juguetes es importante para el Shih Tzu, sobre todo porque le mantendrán ocupado cuando esté fuera de casa durante largos periodos o cuando esté en el trabajo. Sin embargo, es fundamental asegurarse de que los juguetes son apropiados para la edad y que el tamaño no dañará al perro.

Algunos juguetes mantendrán a su Shih Tzu ocupado durante días. Podrá disfrutar de la estimulación mental adecuada que necesita.

Recuerde que no debe privar a su cachorro de los juguetes, ya que esto puede conducir al aburrimiento; la privación podría entonces desencadenar problemas aún peores, como la depresión, la frustración o el desinterés total por cualquier cosa. No hay nada de malo en tener un juguete, ¿no crees?

Pero también debes saber que es útil elegir juguetes que puedas quitarle fácilmente al perro cuando puedan llegar a ser peligrosos para él, quizás porque intente tragárselos. Por eso también te aconsejo que no le des juguetes blandos a un Shih Tzu cuando lo dejes solo durante mucho tiempo.

Y luego..... ¿qué juguetes comprar?

Los que hacen ruido al morderlos. Similar a las de los niños. A casi todos los perros les encantan, sobre todo por el gracioso chillido que hacen cada vez que el Shih Tzu los muerde e intenta "matarlos".

Por supuesto, pueden resultar un poco molestos para ti, pero son perfectos para cuando no estás cerca.

También hay cuerdas especiales diseñadas para perros. Se pueden masticar durante horas. La cuerda ayuda a la mascota a mantener su salud dental bajo control, mantiene su mente sana y activa y evita el aburrimiento.

También hay juguetes de goma para su Shih Tzu. Hay algunos que no son realmente juguetes, pero siguen siendo divertidos, sabrosos y ayudan a fortalecer los dientes.

También hay huesos de goma... ¡otra cosa estupenda para masticar! No cuestan mucho y duran mucho tiempo.
Volviendo a los peluches, hay que decir que les gustan mucho a los Barbones, a los que les encanta tirarlos y recogerlos de nuevo. Se pueden conseguir de todas las formas y tamaños.

El perro también puede abrazarlos cuando se sienta un poco solo. Lo importante es no dejarlos demasiado tiempo, ya que pueden volverse peligrosos.

Recuerda no darle acceso a todos los juguetes a la vez. Cámbialos, altéralos. Al variar no se aburrirá, y siempre será algo "nuevo" para él cada día.

EJERCICIO.

La actividad física debe formar parte de su vida diaria y de la de Barbone.

Desempeña un papel muy importante en la salud de su mascota. Además, un perro aburrido e hiperactivo, especialmente de esta raza, puede volverse rápidamente destructivo sin su ejercicio diario.

Deje que su Shih Tzu juegue en el patio o en el jardín todos los días. ¿Por qué?

Estos perros no sólo necesitan hacer ejercicio, sino que también necesitan la vitamina D de la exposición a la luz solar. En los días de ejercicio y aire fresco, su mascota estará más sana, más feliz y mucho más tranquila.
La falta de ejercicio provoca hiperactividad y comportamiento destructivo. Así que ten cuidado: no pases por alto esta parte.

El Shih Tzu necesita ser sacado a pasear al menos una vez al día. Estos paseos no sólo son importantes para el ejercicio, sino también porque esto formará un vínculo más fuerte entre los dos y lo entrenará para permanecer en una correa.

Recuerde siempre algunos de los elementos clave de la formación que son útiles en este ámbito.

<u>En primer lugar, el amo (o el hombre) siempre entra primero en la casa y sale primero.</u>

En otras palabras, tendrás que mostrar tu "dominio" y hacer saber a tu Shih Tzu qué posición ocupa él y cuál tú.

Así podrá reforzar su posición. Estos pequeños trucos permitirán a su perro determinar si debe hacerle caso o no.

Dicho esto, sepa también que un cachorro ejercitado podrá descansar mejor y, además, acabará estando más tranquilo y haciéndole caso en casa.

Los paseos con su perro deben ser un placer para ambos.

De hecho, te sugiero que lleves una pelota u otro juguete, y que también le hagas interactuar con otros perros. No te preocupes... ¡no los van a machacar!

El baño de la barba.

Este apartado requiere más atención que los demás: una distracción durante el baño puede causar infecciones.

Por ejemplo, si nos olvidamos de tapar sus oídos con un algodón grande, el agua puede entrar en el canal auditivo y causar problemas.

Pueden producirse infecciones con síntomas tan variados como la expulsión de material maloliente y la agitación mental.

Por lo tanto, es necesario tener mucho cuidado al bañar al Barbone, y también será importante evitar los jabones irritantes, así como el jabón para humanos.

Estos últimos no son adecuados para una mascota, ni en cuanto a la dosis ni a los componentes. Por ello, procura utilizar siempre productos y champús adecuados.

Es útil prestar especial atención cuando se utiliza un producto nuevo. Puede elegir champús Barbone específicos.

A estos ejemplares les encanta el agua, los ríos, los lagos y el mar. Por ello, te aconsejo que utilices una bañera, para tener todo el espacio necesario.

Al principio también es útil utilizar la correa, y tener a mano una toalla y un champú. Existen acondicionadores especiales, ideales para facilitar el cepillado después del baño.
Esta actividad debe ser agradable tanto para el perro como para el propietario. Bañar a su mascota no debería ser una carga para usted. Lo importante es prepararse y tomarse su tiempo.

Ten en cuenta que no es necesario bañar al Shih Tzu constantemente... ¡a no ser que haya saltado al barro! En general, se mostrará decidido a limpiarse, al igual que los gatos.

Sin embargo, su veterinario podrá decirle, en su caso concreto, cuántas veces será necesario lavarlo.

Pero aquí está el hacer las cosas bien:

Paso 1 - Consigue todo lo que necesitas
Coge todo lo que necesites y ponlo a tu lado, para que puedas coger cada cosa sin moverte ni esforzarte. De este modo, no tendrás que dejar a tu cachorro solo en la bañera sin supervisión. Podría quedarse ahí fácilmente, pero al menos no se escapará y cubrirá tu suelo de champú y pelo.

Paso 2 - Prepare a su cachorro

Antes de lavarla es bueno cepillarla para deshacerse del pelo ya desprendido de la piel. También será útil alisar el cabello; entonces será más fácil realizar los siguientes pasos.

En este punto puedes poner a tu Shih Tzu en la bañera y colocar las bolas de algodón en cada oreja, sin empujarlas demasiado profundo (sólo lo suficiente para proteger el canal auditivo). Las primeras veces espere que su perro mueva la cabeza y se rebele. Esto sucederá al menos un par de veces, luego se acostumbrará y se volverá más dócil. Si el algodón se humedece, hay que coger más, para evitar una infección de oído.

Fase 3 - Inmersión

Puedes utilizar una jarra o, si estás en el exterior, una manguera moderando el chorro. Empieza a mojarlo completamente empezando por la parte superior del cuerpo, prestando siempre atención a las orejas.

Paso 4 - Lavado con champú

Ahora que tu pequeño está todo mojado, es el momento de empezar a lavarlo con champú. Empiece siempre por arriba y vaya bajando. Si la manopla que usas es del tipo "scrub", no la uses en la zona del hocico.

En esta zona, masajea todo el pelaje con los dedos y procura evitar a toda costa el contacto con los ojos (si no, acláralos inmediatamente, como haces con los niños). A continuación, continúe con el guante en el cuello, la espalda, la cabeza, el pecho y luego el vientre, dejando las piernas y las patas para el final.

Paso 5 - Aclarado

Proceda a enjuagarla con el mismo método que utilizó para mojarla. Una vez más, empiece por arriba y vaya bajando. Recuerde que el aclarado debe ser muy exhaustivo.

Paso 6 - Secado

¡Ya casi está! Lo único que hay que hacer ahora es secar al cachorro. La mejor manera de hacerlo es dejar que tu pequeño se sacuda un poco de agua mientras está en la bañera o fuera de casa (¡quizá se mueva un poco!).

Muchos perros lo hacen espontáneamente cuando se mojan, otros necesitan un poco de estímulo. He comprobado que un suave cosquilleo bajo la oreja incita a los cachorros a hacerlo incluso cuando no sienten la necesidad. En cuanto haya terminado, puedes coger la toalla y completar el proceso de secado.

No te pongas nerviosa... es sólo una costumbre para los dos.

La ELECCIÓN del veterinario.

La elección del veterinario de un perro es una parte importante de la vida de un Shih Tzu.

El profesional debe ser capaz de conocer al animal y debe estar dispuesto a darle sugerencias y consejos.

Es fácil imaginar que no todos los veterinarios son iguales, y que a tu amigo de cuatro patas le puede disgustar o gustar alguien tanto como a ti.

Durante la visita, su trabajo consistirá en intentar relajar y calmar a su cachorro en la medida de lo posible. Una simple revisión también puede convertirse en una pesadilla para todos si su pequeño amigo se estresa o se agita.

Puede evitar problemas buscando un veterinario que se adapte a sus necesidades. Por desgracia, lo más barato no siempre es la mejor opción.

<u>En tu búsqueda de un veterinario, intenta llevar siempre a la Barba contigo</u>. Será de gran ayuda para todos, y así también establecerás una relación tranquila con el profesional.

Además, recuerde que le será útil:
- pregunte a su veterinario si está especialmente interesado en los Shih Tzus, si puede entonces darle toda la información específica;
- verificar que proporciona un servicio de emergencia de 24 horas;
- Compruebe que el personal de la empresa es amable y está bien informado;

- Compruebe que hay salas de espera separadas para perros (¿su perro se lleva bien con otras razas y animales?).

Elimine las manchas de orina.

Ah... los pequeños Shih Tzus son adorables e inteligentes, pero aún así se meten en problemas. Su idea de diversión se basa en una fuerte excitación que puede hacer que se les escape un poco de pis en la alfombra.

¿Orinar en la alfombra? Bueno, a los dueños tampoco les gusta este aspecto de la vida con un perro. ¿Y qué hacemos?

Cualquier Shih Tzu puede ser domesticado y entrenado para hacer sus necesidades cuando el dueño lo saca, pero antes del entrenamiento definitivamente te marcará la casa.

Las manchas y los olores de las mascotas no suelen ser sólo percances menores, y pueden dejar una huella duradera en las alfombras, los muebles, los sofás y otros elementos de los que no nos ocupamos inmediatamente.

Si tienes la suerte de pillar al cachorro en el acto, levántalo. Así entenderá tranquilamente que no se hace.

Es un paso importante en la formación educativa de su mascota.

Lo primero que hay que hacer para evitar que queden manchas y olores es utilizar un trapo o toallas de papel para absorber la mayor cantidad de caca posible.

Después será útil limpiar la zona con una mezcla de agua fría o tibia (nunca caliente) y un detergente adecuado. Esto eliminará la mancha y el olor.

Es importante recordar que los detergentes habituales no deben utilizarse para los textiles. En estos casos, se recomienda utilizar una pequeña cantidad de detergente líquido para platos mezclado con agua.

Para las manchas que ya se han formado necesitará medidas más drásticas. Hay limpiadores orgánicos que se prefieren a los químicos. En el caso, el peróxido es un gran componente que puede actuar formidablemente sobre una mancha. Como siempre, evite utilizar detergentes demasiado fuertes en los tejidos.

Sin embargo, recuerde siempre diluir el producto con agua tibia antes de aplicarlo en la zona a tratar.

Después de unos treinta segundos tendrá que fregar un poco, dependiendo del tipo de tejido o material que se esté limpiando. En cuanto a las alfombras, por ejemplo, no todas pueden fregarse enérgicamente.

Si, por el contrario, se trata de tejidos lavables como ropa, toallas, etc., las manchas deberían desaparecer con un lavado normal a máquina. También recomiendo utilizar lejía suave, del tipo para colores (los blancos pueden y deben lavarse con lejía normal). De este modo, el olor y la mancha desaparecerán y el tejido también se desinfectará.
Sin embargo, la mejor manera de tratar las manchas de orina de los perros sigue siendo, ante todo, evitar el daño.

Es posible gracias a una cuidadosa y meticulosa formación educativa. Si ocurren pequeños accidentes ocasionales, ¡no pierdas la cabeza!

Trata la barba de forma adecuada e intenta mantener la calma, sabiendo que en la mayoría de los casos el pis se desvanecerá... ¡y por tanto no se quedará para siempre!

Capítulo 3 - <u>Los secretos del entrenamiento</u>

Este capítulo abarca los diferentes tipos de adiestramiento, desde el uso del clicker hasta el castigo.

TIPOS DE FORMACIÓN.

Hay muchos métodos de entrenamiento. Algunos sólo son eficaces para determinadas razas. La clave del éxito es ser capaz de identificar el método adecuado para usted y su Shih Tzu, con el que ambos se sientan cómodos.

Recuerde siempre que el entrenamiento requiere **paciencia y constancia**. Nada es suficientemente gratificante sin inversión y sacrificio. El compromiso continuo traerá recompensas para usted y su perro.

El primer tipo de formación es el que más recomiendo. Ha demostrado ser el método más eficaz, y funciona a las mil maravillas.

→**Refuerzo positivo. Se** basa en este mismo principio. Es un adiestramiento que premia al perro por su buen comportamiento. El Shih Tzu entiende lo que es correcto hacer a través de las recompensas que siguen a un determinado comportamiento. Aprende el comportamiento correcto mientras elimina el incorrecto.

Cada vez que el perro hace algo bien, recibe una sabrosa recompensa y muchos elogios, así como muestras de afecto de su dueño. Así, la mascota "registra" rápidamente las reglas y aprende lo que es correcto.

Este entrenamiento se basa en el principio de la *terapia de aversión, un* método que permite al ser humano asociar una cosa con otra. El comportamiento incorrecto se desalienta simplemente porque no recibe ninguna recompensa. El refuerzo positivo (la recompensa) anima a los perros a hacer lo correcto.

El refuerzo positivo debe estar separado del castigo. Por lo tanto, no castigue a su perro mientras realiza este tipo de adiestramiento.

→**Entrenamiento con clicker.** Este es también un método eficaz de adiestramiento del perro. De nuevo, no hay castigo. El clicker es un pequeño dispositivo de plástico con un botón que hace un "clic" o tic-tac cada vez que se pulsa.

El objetivo es precisamente asociar el sonido con la recompensa. En resumen, el perro aprenderá que las acciones seguidas de un clic son el comportamiento correcto (y recibe una golosina como recompensa).

Este tipo de adiestramiento no es utilizado por todo el mundo porque algunos adiestradores argumentan que los perros acaban obedeciendo por desesperación, por la recompensa y no por respeto. Otros sostienen que el adiestramiento con clicker no es muy diferente del lavado de cerebro.

Sin embargo, muchos han descubierto que el clicker es un método extremadamente eficaz, incluso sin el uso del castigo.

→**Asfixia.** Aquí hablamos del uso de collares de ahogo, que no son recomendables por el riesgo de abusar involuntariamente de ellos y causar daños al pobre cachorro.

Estos collares hacen exactamente lo que parecen. Están diseñados para quitarle un poco de aire a tu perro cada vez que tira de la correa.

Este tipo de adiestramiento está diseñado para ser utilizado sólo por expertos que necesitan entrenar a ejemplares muy obstinados.

Estos dispositivos no están diseñados para sustituir a los collares normales, y sólo deben utilizarse hasta que se corrija el problema, entonces cuando el perro haya aprendido a dejar de tirar para no ser "ahogado". Una razón muy válida para obedecer.

Como ya habrás adivinado, este método de adiestramiento se basa en el castigo y el refuerzo negativo, y no en el positivo. Entonces el perro sólo deja de tirar porque tiene miedo y temor a ser herido, no porque te respete y te quiera.
Repito que es "correcto" utilizar este modo de adiestramiento sólo en determinados casos, y no te recomiendo que lo hagas tú mismo; que lo haga un adiestrador, porque hay que ser hábil en el manejo de este tipo de collar. No deben llevarse siempre porque pueden ser muy peligrosos. Pueden crear graves problemas en el cuello, la columna vertebral y la tráquea del animal.

Si vas a utilizar uno de estos collares, pide ayuda a tu veterinario y te enseñará a usarlo perfectamente. No lo uses si no sabes usarlo al cien por cien.

También hay collares similares diseñados para intentar enseñar al perro a no tirar de la correa.

Algunos también causan dolor al animal cada vez que se porta mal. Los collares que causan dolor activamente los considero inhumanos.

También creo que no deberían utilizarse durante el entrenamiento: hay muchas alternativas mejores.

El collar que se ve en la imagen sólo debería ser útil en raras situaciones.

Esto es lo que podría pasar y algunas cosas que hay que saber.

- El Shih Tzu podría tirar rápidamente de la correa (como respuesta a la excitación, por agresión o por sorpresa) y causar daños en el cuello.
- Los perros sensibles nunca podrán confiar en los propietarios que utilizan este tipo de adiestramiento.
- Los cachorros o los perros mayores nunca deben ser entrenados con estos collares.
- Algunos Shih Tzus con fuertes problemas de dominancia pueden frustrarse tanto que se lastiman mucho.

Es fácil decidir: si quieres a tu perro, evita estos collares a toda costa.

No hace falta decir que, por desgracia, también hay collares de choque....

Pueden ser eficaces si su mascota es muy grande y un poco agresiva, pero aún así pueden causar daños físicos y psicológicos al Barbone.

Sin embargo, cuando se decida comenzar a entrenar con estos dispositivos, es importante infligir el castigo no menos y no más de un par de segundos después de la acción negativa.

Si espera más tiempo, el perro ya no podrá asociar el castigo con la acción incorrecta.

Sin embargo, recuerde que los Shih Tzus son perros naturalmente tranquilos, y estos collares no son necesarios.

No suscribo este tipo de formación.

→**Silbatos ultrasónicos.** Emiten una onda sonora que el perro oirá perfectamente. El sonido no daña al animal; es sólo para llamar su atención cuando está lejos, o para educarlo. Es una gran herramienta para la formación. Lo importante es aprender a utilizarlo de forma correcta.

En cuanto a los Shih Tzus, perros muy inteligentes, siempre recomiendo utilizar el método de refuerzo positivo, que es muy recomendable para esta raza. Además, es un adiestramiento humano y eficaz que requiere paciencia, pero da grandes resultados.

LOS SECRETOS DEL ENTRENAMIENTO.

Estoy a punto de dejar que en algunos secretos de entrenamiento del Shih Tzu que usted simplemente necesita para tener el éxito que se merece. Saltarse un paso disminuirá sin duda la calidad de sus resultados.

→**Conviértete en su jefe de filas.** Los barbos también tienen instintos de manada. Cada uno de estos grupos tiene un líder al que todos los demás observan, escuchan y obedecen.
Estas son algunas de las cosas que debes hacer para ser el mejor.

- Comer antes que el perro
- Proporcionar alimentos, refugio y protección
- Usted decide dónde ir y cuándo
- Dormir en una cama de verdad mientras no se le permite.
- No utilices la agresividad para ganarte el respeto.

Se trata simplemente de aplicar las normas: éstas definen el "rango" de los miembros de la familia. Si tú los creas y él tiene que acatarlos, eres su jefe... es automático.

Sin embargo, el concepto general sigue siendo que todos los humanos comen antes que el perro de la casa. Los humanos no tienen que esquivar al Shih Tzu que les bloquea el paso, tienen que quitarlo de en medio y pasar.

Además, cuando salgas de casa debes asegurarte de que todos los miembros de la familia salgan antes que el perro.

Al igual que durante los paseos no debes dejarte arrastrar, porque si no se creerá el macho alfa.

Básicamente, tendrás que ser tú quien decida cuándo es la hora de jugar y cuándo es la hora de comer. A menudo no es fácil, pero siempre debería ser así.

Nunca debes dejar que el Shih Tzu se salga con la suya, especialmente cuando tiene unos seis meses.

→**Pasar tiempo juntos.** Esta es quizás la parte más importante de la construcción de una buena relación con su mascota. Pero el punto principal de la pregunta es, ¿cómo puedes esperar que el perro te escuche si nunca pasas tiempo con él? El Shih Tzu estará mucho más interesado y atento a su adiestramiento si le habla, juega con él y pasa parte de su tiempo libre con él. De este modo, podrás establecer un vínculo fuerte.

Este paso no debe descuidarse: sólo así la formación tendrá éxito.

→**El tiempo.** A la hora de adiestrar a su perro, es importante saber que el tiempo es una de las claves del éxito. Con esto quiero decir que tendrá que ser capaz de <u>confirmar las acciones correctas del cachorro en un plazo de dos o tres segundos </u>(no más) desde su implementación.

Esto significa que, en cuanto su perro termine una orden de la forma en que debe hacerlo, debe elogiarlo al instante (y premiarlo). Si el tiempo que transcurre entre la acción y la recompensa es más largo de lo que debería, no será capaz de asociarlas.
Del mismo modo, si su perro no se sienta correctamente, nunca debe llamarlo para corregir el error. Después de que haya completado sin éxito la orden "Siéntate", simplemente debes seguir repitiéndola.

Es importante elogiar al Barbone de todos modos, aunque haya tardado tanto en aprender una orden.

→**La coherencia.** Ser coherente en todo es realmente esencial. Lo contrario sólo crearía mucha confusión.

He aquí algunas cosas que siempre hay que tener en cuenta a la hora de convivir y adiestrar a un perro:

1. **Los mandos deben estar bien elegidos y seguir siendo los mismos**. Por ejemplo, si eliges "ven" no puedes usar "ven aquí" si quieres que venga a ti. No utilices los dos comandos. Esto es algo que todos los miembros de la familia deberían saber también.
2. **Sólo hay un entrenador**. Es importante que la formación sea realizada por una sola persona. Puedes ser tú o alguien más, pero no ambos, y ni un poco para uno. La idea es que siempre sea la misma persona la que entrene al perro: incluso una simple diferencia de acento puede confundirlo.
3. **Las reglas son siempre las mismas.** Su mascota debe tener una serie de normas como "No entrar en el dormitorio" o "No subirse al sofá". Deben estar presentes en todo momento, y toda la familia debe asegurarse de que el Shih Tzu las respete.

Hacer cumplir esas normas es siempre crucial, sean las que sean, siempre. Si un día permites que tu amigo se suba al sofá contigo, al día siguiente no puedes gritar si lo vuelve a hacer. En primer lugar, se sentiría confundido, y luego no entendería por qué gritaste.

→**Repetición.** El Shih Tzu aprende las órdenes y las reglas a través de la costumbre y la repetición. Por lo tanto, durante el adiestramiento es necesario reforzar las mismas órdenes durante varias sesiones de entrenamiento antes de que pueda asociarlas y memorizarlas todas.

Sepa que los perros no recordarán las órdenes para siempre. Así que te recomiendo que sigas repitiendo todas ellas al menos de vez en cuando, incluso después del entrenamiento. En caso de que se le olvide algo, será útil no tener demasiada compasión utilizando frases como "Pobrecito". De lo contrario, significaría que la apruebas.

Lo cual es un error en general porque no ayuda a evitar el mal comportamiento. Siempre es mejor optar por el reciclaje y la repetición. Incluso unas breves sesiones diarias de "repaso" que terminen con una nota positiva (después de que haya hecho cada orden correctamente, por supuesto) serán suficientes.

→**Actitud positiva.** Siempre hay que ser razonable en cuanto a las perspectivas y expectativas de formación. Recuerda que los Shih Tzus son inteligentes, pero de cachorros no aciertan a la primera.

Por lo tanto, es aconsejable empezar en un momento tranquilo, cuando se esté de buen humor y se tenga toda la atención del perro.
Es importante que ambos tengan una actitud positiva. Si alguno de los dos se va a distraer, es mejor posponerlo. También se recomienda dar un paseo antes de cada sesión de entrenamiento, para calmarse y relajarse un poco.

→**Utiliza las señales de mano.** El lenguaje corporal es importante, y tu cachorro se acostumbrará al tuyo. Es importante utilizar gestos específicos al decir una orden: esto puede ser especialmente útil en los momentos en que su perro está un poco lejos. En estos casos, por supuesto, debe asegurarse de que él pueda ver sus manos con claridad.

Con el tiempo, también puedes prescindir de las señales de voz y utilizar sólo las manuales. La elección es tuya.

→**Aprovecha el contacto visual. La** conexión con el contacto visual es especialmente útil para los propietarios que realmente tienen un fuerte vínculo con su mascota.

Es bien sabido que cuando falta este contacto, es mucho más difícil adiestrar a un perro. En este sentido, intente establecerlo usted mismo, para tratar de comunicar su intención también de esta manera. Durante las sesiones de adiestramiento, asegúrese de mirar directamente a los ojos de su perro.

→**Señales de voz.** Algunos perros aprenden muchas palabras, a las que responden con una acción determinada, mientras que otros sólo son capaces de aprender unas pocas.
Recuerda, sin embargo, que nadie aprende el significado real de la palabra, sino que asocia el sonido con una acción.
Como resultado, si no obtienen una respuesta positiva de su parte, no podrán saber si han ejecutado la orden correctamente o no. Por eso es tan importante la repetición. Si refuerza el aprendizaje de la misma orden de voz, será más fácil que su amigo de cuatro patas la relacione con una acción y responda siempre de la misma manera.

El truco también consiste en pronunciar siempre la orden con el **mismo tono y entonación**. Así, aunque digas primero otra palabra, como su nombre (mejor si está separada por una pequeña pausa), podrás captar su atención y luego la ejecución de la orden, sin confusiones ni malentendidos.

→**Alabanza.** Independientemente de la orden que le enseñe a su perro, debe recordar siempre que debe elogiarlo cuando se comporte correctamente.

Recuerde que siempre debe mirarle directamente a los ojos cuando le haga un cumplido. Los Shih Tzus son perros muy cariñosos y, a menudo, los elogios son mucho más apreciados que una deliciosa recompensa.

Incluso si todo esto es extremadamente efectivo, sepa que sigue siendo necesario establecer que usted es el perro superior, de lo contrario ni siquiera escuchará los elogios (si es que tiene una forma de dárselos).

→**Castigo.** En una manada, cuando un perro desobedece el superior siempre encuentra la manera de hacerle entender lo que ha hecho.
En tu caso, cuando el Shih Tzu esté haciendo algo mal (eso sí, asegúrate de pillarlo en el acto), puedes agitar algo que haga ruido o mojarlo un poco con una pistola de agua para llamar su atención.

En ese momento tendrá que utilizar inmediatamente una orden negativa que generalmente es "No", y que todos los perros acaban entendiendo. También puedes utilizar una voz severa y una mirada enfadada o decepcionada, para que el perro reconozca que eres diferente a lo habitual por el tono negativo.

Es entonces cuando sabrá que ha hecho algo mal y podrás redirigirlo a lo correcto, como sentarse en el salón. También es útil probar a castigar a tu perro durante cinco minutos sin prestarle atención ni seguir haciéndole sentarse.

Nunca pegues, azotes o grites al perro: no son los métodos ideales para corregir un problema.

Otra cosa que puedes hacer es **"exiliarlo" de la familia**. Eso es lo que hacen las manadas en la naturaleza. Así que puedes enviarlo al patio para que tenga tiempo de pensar en lo que ha hecho. Después de un tiempo puedes darle permiso para volver. Otra solución es ignorarle durante un tiempo.

Aunque los castigos y las correcciones son una buena forma de evitar el mal comportamiento, deberías centrarte mucho más en la formación educativa; verás que las malas actitudes se deshacen inmediatamente.

El CIELO.

Al Shih Tzu le encanta la idea de tener una guarida propia, así que al proporcionarle a su cachorro aunque sea un simple hogar propio, le estará dando un lugar en la casa donde pueda refugiarse en caso de estrés o peligro. Por supuesto, para él representará un lugar de relajación.

Esto **ayudará** a resolver los problemas de ansiedad por separación, **evitará comportamientos destructivos** (como morder muebles y objetos) y mantendrá a su cachorro alejado de objetos potencialmente dañinos en su casa.

Una buena tienda de animales podrá proporcionarle una caseta perfecta para el tamaño de su cachorro. Recuerda que se sentirá mal si es demasiado pequeño.

Pon un par de mantas y algunos juguetes en su nuevo hogar. Aunque al principio no será capaz de identificar la perrera como su "guarida", al cabo de un tiempo empezará a amar su lugar privado.

Consejos:

- **Tamaño**. La perrera debe ser lo suficientemente grande como para albergar al Barbone incluso cuando haya crecido. También debe haber algunos centímetros extra para moverse cómodamente.
- **Material**. Las casitas de plástico son más fáciles de limpiar y se pueden forrar con papel de periódico y mantas para hacerlas más cómodas.
- **Elección**. Puede ser útil llevarlo consigo cuando vaya a comprar la perrera.

- **Cuello**. Hay que quitárselo junto con la correa cada vez que lo pongas en su casa.

Debes meter al cachorro en la caseta siempre que estés fuera, aunque sea por periodos cortos de tiempo. Si se trata de una jaula, recuerda que sólo cuando el cachorro se haya acostumbrado a estar en ella podrás mantenerlo en ella durante un periodo de tiempo algo más largo. Las jaulas también son eficaces durante el entrenamiento.

La mejor manera de acostumbrarlo es hacer que asocie la caseta con cosas positivas como elogios, comida, juguetes y diversas golosinas para perros. Recompénselo cada vez que entre en su caseta para que asocie las recompensas positivas con ella.

Es importante:
- Nunca apresures a tu cachorro, nunca lo obligues a entrar en la perrera.
- Aumente gradualmente el tiempo que decide dejarle solo en la casa de juegos.
- Retire todos los collares y correas.
- No utilice la perrera para castigarlo.
- Acuérdate de dejarle agua en un pequeño dispensador designado para ello si vas a tener que dejarlo más de dos horas.

Un buen lugar para guardar la perrera es una habitación central del apartamento o un pasillo. No coloque la jaula o la perrera en el exterior donde pueda hacer demasiado frío o demasiado calor. Lo mejor es mantener una temperatura adecuada en todo momento.

Si tu cachorro hace sus necesidades en la caseta, no lo castigues. Limpie con productos neutralizadores de olores (evite el amoníaco, ya que no elimina completamente los olores).

No obstante, recuerde que su perro no debe estar encerrado en una jaula o una caseta cerrada durante más de seis horas. Si luego no quiere entrar en su jaula y empieza a ladrar, sepa que probablemente necesita más ejercicio.

Así que asegúrate de que le das a tu cachorro mucha atención, la oportunidad de moverse y suficiente afecto.

Cursos de formación.

Los cachorros son los más receptivos al aprendizaje. El momento ideal para comenzar el adiestramiento o la formación en casa (con lo básico) es alrededor de las seis semanas. Puedes empezar incluso si el cachorro tiene cinco meses, por lo que es capaz de entender completamente el ejercicio, pero la idea debe seguir siendo dividir las enseñanzas en sesiones de unos minutos al día, varias veces al día si quieres.

Durante este tiempo, su mascota aprenderá a dominar los nuevos trucos y se dará cuenta de cuándo un comportamiento es incorrecto, mucho más rápido que antes. Tu cachorro necesitará algo de tiempo para adaptarse a las pautas de adiestramiento y poder concentrarse plenamente, pero no tanto.

Cuando tenga seis meses de edad, se puede empezar un entrenamiento más avanzado. El lugar elegido para el entrenamiento debe ser un campo donde no haya demasiado ruido. Debe ser un momento agradable tanto para ti como para el perro. Nunca castigue ni se enfade con su cachorro por no completar bien una orden.

Recuerda que si notas que el Barbone carece de sensibilidad, atención y no parece divertirse durante la sesión, es mejor dejarlo para más adelante, porque mientras esté distraído no aprenderá nada.

Los perros mayores ya tienen rasgos de personalidad particulares, buenos y malos, determinados a estas alturas. Por lo tanto, aquí se necesitará mucho más para reentrenarlo y corregir los malos hábitos desarrollados a lo largo de los años.

Algunos malos hábitos son:

- Gatos de caza
- El asalto
- Desobediencia general
- Mordida
- Ladrar demasiado
- Cuestiones de dominio
- Diversos comportamientos destructivos (como morder lo que no debe).

Un perro mayor procedente de un entorno abusivo necesitará mucho más tiempo para adaptarse a su nuevo hogar. En este caso es necesario proporcionarle un lugar propio para dormir, comer y descansar inmediatamente.

En ese caso, puede ser útil mantenerlo con correa en todo momento, ya que cuando está libre puede no volver a la retirada, quizás debido a un traumatismo anterior. También será importante establecer una rutina correcta, al igual que con un cachorro, sin agitarlo demasiado y dándole tiempo para descansar.

ADAPTACIÓN al nuevo hogar.

Será importante que el nuevo cachorro juegue y establezca vínculos con todos los miembros de la familia. Necesitará paciencia y comprensión, incluso después del entrenamiento.

Es fundamental que empiece a explicar a su perro desde el principio qué comportamientos son aceptables y qué espera exactamente de él. Lo necesitarás para vivir feliz para siempre.

Recuerda que, al igual que un niño pequeño, la capacidad de atención de un cachorro es muy corta. Por lo tanto, necesitan una enseñanza gradual incluso cuando se trata de reglas a seguir.

Para ayudar a un Shih Tzu a adaptarse, también se recomienda planificar su dieta. Dale el desayuno, la comida y la cena, igual que lo harías para ti. De esta manera le ayudarás a adaptarse. Una vez que haya comido, espere de veinte a treinta minutos y luego sáquelo a hacer sus necesidades. Obsérvelo: vea cuánto tarda en orinar. Esto te dará una idea para regularte mejor.

Es fundamental no dejarle el cuenco disponible todo el día para que coma cuando quiera: no regulará sus necesidades y la convivencia se hará más difícil.
En ese momento no podrás quejarte, no podrás castigarle y no tendrás que gritar: la mayoría de los perros reaccionan negativamente al comportamiento agresivo del dueño. En pocas palabras, la ira, en la fase de adaptación, tiene el efecto contrario y el perro corre el riesgo de no progresar en el entrenamiento.

Cada vez que actúe bien elógialo generosamente y pronto empezará a entender exactamente lo que le aportan los elogios y lo que supone tu cara de decepción.

Durante este proceso, no olvides que **tu cachorro no tendrá pleno control de su vejiga e intestinos hasta las dieciséis semanas de edad**. Así que no esperes demasiado al principio.

Para ayudarte a adaptarte a la entrada de tu cachorro en tu casa, te recomiendo que utilices limpiadores y sprays especiales para eliminar olores, y recuerda que sólo funcionan los productos diseñados para mascotas.

Después de un "accidente", no esperes a limpiar la fechoría y rociar desodorante. De este modo, taparás el olor y tu perro no volverá a intentar marcar territorio en el mismo lugar.

Recuerda que esta etapa también es importante para crear un vínculo especial con tu mascota.

Dale ánimos y mucho amor al cachorro.
Aunque habrá momentos difíciles por delante, ¡sabed que merece la pena!

Capítulo 4 - Entender a Barbone

Este capítulo explica cómo entender a tu cachorro/perro, aprender sobre sus sentidos y cómo se utilizan, cómo se comunica, su lenguaje corporal, sus expresiones faciales y lo que significan, y mucho más.

Entiende a tu propio Shih Tzu.

Estos animales descienden directamente de los lobos, animales cuyos instintos y eventos grupales son vitales para la supervivencia.

Cada miembro de la manada conoce su posición en una estructura social concreta: cada miembro tiene un papel específico y sabe lo que tiene que hacer.

Pongamos un ejemplo. Si dos perros desconocidos se encuentran en la naturaleza y pertenecen a dos rangos diferentes... ¿puedes decir quién es el superior entre los dos? En este caso, el perro subordinado se pondrá en posición de sumisión para demostrar que no quiere hacer daño al otro.

Sin embargo, cuando dos perros tienen el mismo rango, uno pondrá a prueba al otro y uno tendrá que someterse. Por lo general, este rango seguirá siendo el mismo en la siguiente reunión. Estas son las leyes de la naturaleza.

Si tiene más de un perro en casa, recuerde que las peleas son bastante comunes entre los perros sin una jerarquía firmemente establecida por el líder de la manada. Por eso tendrás que ser el perro alfa.
En la naturaleza, el líder de la manada suele ser un macho al que todos obedecen.

Lo que los entrenadores y los estudiosos llaman un "perro alfa". Así que es una figura dominante; también es un término que habrás leído a menudo en este libro.

Como se ha mencionado, el perro alfa (por lo tanto, el dueño) debe comer antes que las mascotas y debe obtener la mejor porción de la comida para mantenerse en la mejor condición física.

La cama también debe ser más alta que las demás para que sirva de punto de observación para inspeccionar el territorio y la manada. Todas las decisiones las toma el perro alfa.

¿Qué tiene que ver contigo?

Sé que eres un ser humano y no una mascota, pero es importante entenderlo.

Su tarea principal es convertirse en el líder de la manada de su perro. Si su cachorro le ve de esta manera, es más probable que responda de forma activa y atenta al adiestramiento y que obedezca sus órdenes; también es más probable que pueda mantener cierto orden en su casa.

Así que tu trabajo es, ante todo, asegurarte de que él entiende cuál es tu posición y cuál es la suya.

Por eso hay que tener un carácter fuerte y no permitir que el Barbone te haga cambiar de opinión o te ablande cuando no es el momento.

Mantener la coherencia en todo lo que dices y no tener miedo de decir "no" cada vez que hace algo mal, eso es lo que se necesita.

El perro no tendrá ningún problema para obedecer: simplemente querrá hacer lo que le digas a cambio de algunos elogios y compasión. El Shih Tzu es un perro al que le gusta servir a su amo, al que es leal hasta la muerte.

Por lo tanto, es muy importante empezar a establecer la jerarquía lo antes posible, mientras el cachorro es todavía pequeño.

Por supuesto, no puedes decirle a tu cachorro que eres superior a él.

Tendrás que convencerle, basándote en una actitud correcta y en algunas acciones a realizar. Sin embargo, hay algunos métodos para demostrar su superioridad sobre el perro, pero el abuso físico y mental no forman parte de ellos.

Mostrar agresividad no construirá la relación de confianza y respeto que se necesita, y el Barbone acabará obedeciendo sólo por miedo a que le hagas daño.

Definitivamente, esta no es la relación que deseas tener con tu amigo de cuatro patas.

Los secretos para convertirse en el "Perro ALFA" a los ojos de su Shih Tzu.

Sigue estos sencillos pasos para convertirte realmente en el perro alfa y conseguir que tu cachorro te reconozca como tal.

1. **Pasa algún tiempo con él.** No hay mejor manera de convertirse en el líder de la manada. Así crearás el vínculo y la confianza necesarios. Tu perro necesita saber y estar seguro de que puede confiar en ti si quieres que te haga caso.

2. **Apoyar todas sus necesidades.** El Shih Tzu espera que usted, como su dueño, le proteja y sea capaz de satisfacer todas sus necesidades. Este es el trabajo del perro alfa: proporcionar seguridad, comida y refugio.

3. **Demuestra un carácter fuerte.** Si estableces reglas tendrás que asegurarte de que no las rompa, sin excepciones. El líder, en la naturaleza, elige las "leyes" que todo el mundo conoce.

4. **No utilices la violencia.** Los lobos, en la naturaleza, no abaten a los desobedientes. Simplemente los exilian de la manada hasta que el infractor aprende la lección.

5. **Come primero y más que él, pero no olvides su ración.** Cuando llegue la hora de comer, asegúrate de que todos los miembros de la familia coman primero, y luego deja que el Shih Tzu tenga su ración. Llámalo, siéntalo y coloca el cuenco frente a él.

6. **Que no te saluden al llegar.** Cuando llegues a casa del trabajo, no corras hacia el perro. En cambio, ocúpate de lo que tienes que hacer, luego siéntate en tu sofá, relájate y luego llama al Shih Tzu y salúdalo.

7. **Ignora los lloriqueos y los intentos de compasión.** Si los perros consiguen lo que quieren una vez, lo harán de nuevo y con cualquiera. Así que es bueno ignorar a tu mascota cuando te pide lo que tienes en la mano. En su lugar, demuéstrale que no conseguirá lo que quiere suplicando.

8. **Cuando lo necesites, llámalo.** Hazlo en cualquier momento: durante el juego, la alimentación o cualquier otra cosa. Si acudes a él te mostrarás servil a sus ojos, lejos de ser un perro alfa.

9. **No le dejes dormir en la cama.** Pensará que es tu igual. Está bien que duerma en el suelo (en la caseta en el suelo) hasta que hayas establecido firmemente quién es el perro alfa.

10. **Muévelo si lo necesitas.** Si el Barbone le bloquea el paso (tal vez esté en medio del pasillo), no lo pise, sino que muévalo suavemente, o dele una orden adecuada.

11. **No dejes que te arrastre.** Cuando salgas a pasear, nunca dejes que el Barbone decida el camino por ti. Tú eres el líder de la manada y decides a dónde ir.

Estos son algunos métodos que le permitirán reforzar su posición de perro alfa. Sé constante y no te rindas.

Pronto el cachorro le reconocerá como líder y el adiestramiento será más fácil.

Los cinco sentidos del BARBÓN.

Los perros utilizan sus sentidos para comunicarse entre sí y con los humanos de una forma mucho más avanzada que éstos.

Por ejemplo, **su sentido del olfato está incluso más desarrollado que su vista.**

En comparación con otros sentidos, éste no es tan bueno como los demás: apenas reconocen los colores, de hecho se les considera casi daltónicos. Tienen una buena visión nocturna, pero la visión diurna es peor que la de un ser humano.

En cuanto a su sentido del olfato, como sabes, los perros son infalibles. De hecho, es el mejor de sus cinco sentidos, el que utilizan para interactuar con el mundo. Piense que un Shih Tzu percibe los olores al menos cien veces mejor que usted y todos los miembros de su familia, aunque algunos científicos especulan que este sentido es incluso millones de veces mejor para ellos.

Los perros tienen unos doscientos millones de receptores más que los humanos (que tienen cinco millones).

La mayor parte del cerebro de un perro trabaja en el procesamiento del olor. Puede oler cosas que nosotros no podemos oler.

Por eso estos animales también son utilizados por la policía y los artificieros: son capaces de detectar posibles sustancias peligrosas, lo que es imposible para los humanos.
Su oído también **funciona mejor que el nuestro**. Pueden oír sonidos lejanos. También pueden oír frecuencias de sonido desconocidas para nosotros. Pueden oír literalmente cómo una hoja toca el suelo. Este sentido es especialmente útil para la supervivencia y la caza. Los barbos tienen orejas erectas, que amplifican los sonidos haciéndolos aún más claros.

En cuanto al **tacto, no a todos los cachorros les gusta que les acaricien** la cabeza. Para entenderlo, hay que observar su reacción inmediata. Si se aleja, probablemente no le guste. Muchos pequeños prefieren que los acaricien en el pecho, entre las patas delanteras y en la espalda (justo por encima de la raíz de la cola).

Si quieres tocar la cabeza de tu perro, empieza por un punto en el que pueda ver tu mano sin sentirse amenazado.
Los Shih Tzus utilizan sus patas para comunicarse. Por ejemplo, agitar o arañar las puertas para intentar salir.

En **cuanto al gusto, sepa que es un sentido menos desarrollado que el nuestro**. Tenemos muchas más papilas gustativas que ellos. Esto significa que los perros no son tan exigentes con la comida, a diferencia de nosotros. Al fin y al cabo, si un Shih Tzu fuera demasiado exigente, se moriría de hambre en la naturaleza.

COMUNICACIÓN *entre perros.*

Y ahora consideremos uno de los cinco sentidos: el olfato. ¿Te has dado cuenta de que los perros huelen a otros perros y personas cuando los conocen? Es una forma de obtener información.

Los perros demuestran entonces su dominio territorial orinando sobre una valla, una farola, una alfombra, etc.

Los otros ejemplares podrán descubrirlo todo con sólo oler la orina de tu Shih Tzu (y viceversa). La orina para ellos es como una cara para nosotros. Pueden determinar el sexo del perro, su estado de salud, su edad, etc. ....

Por ejemplo, los depósitos que deja una hembra pueden indicar a otros perros si está en celo. En resumen, realmente adquieren una enorme cantidad de información sólo con su sentido del olfato.

LENGUAJE DEL CUERPO y SIGNIFICADOS.

Planifique el adiestramiento del cachorro para que sea sencillo y agradable. Después, basándose en su lenguaje corporal, podrá saber si el Shih Tzu está haciendo un esfuerzo por escucharle. ¿Ladra o mueve la cola?

Ten en cuenta que tu mascota siempre intentará comunicarse contigo incluso con las orejas, las patas, la cola, la boca... Por cierto, cuanto más puedas enseñarle, más divertida será su forma de expresarse contigo.

He aquí algunas pautas sobre el lenguaje corporal de los perros y sus diversos significados:

→**Dominante**. Si te encuentras con un Shih Tzu Dominante, tendrá la boca ligeramente abierta o cerrada, los ojos bien abiertos y una mirada intensa "en guardia". El cuerpo estará erguido, rígido y alto, al igual que la cola.

→**Sociable**. Un Shih Tzu con una disposición sociable tiene los ojos abiertos y alerta, mantiene la boca normal y relajada, mueve la cola, tal vez hace un poco de gemidos y aullidos, y ladra por excitación.

→**Juguetón.** Se mueve con el cuerpo un poco inclinado, se revuelca en el suelo con entusiasmo y mueve la cola mirándote como si quisiera invitarte a jugar con él.

→**Sumisa**. Un Shih Tzu con las orejas bien pegadas a la cabeza, los ojos cerrados y una pata levantada está demostrando una sumisión excesiva. De lo contrario, estaría rodando felizmente.

→**Agresivo.** Un ejemplar agresivo tiene las orejas caídas y vueltas hacia atrás, pegadas a la cabeza. Los ojos estarán entrecerrados, la boca abierta para mostrar los dientes y la cola separada del cuerpo, firme y algo erizada. Probablemente gruñirá o hará ruidos como de aullidos.

→**Preocupado.** Un Shih Tzu Preocupado emitirá gritos rápidos, aullará, mantendrá sus orejas pellizcadas y el pelaje de su cuello levantado. Significa "estoy preocupado" o "algo va mal".

→**Temeroso.** Un perro manifiesta el miedo con una postura caída, la cola hacia abajo, la espalda curvada, y tenderá a mirar a su alrededor. Los Shih Tzus suelen ladrar por miedo, sobre todo en lugares estrechos o cuando están encerrados.

→**Estresado.** Un ejemplar estresado empezará con frecuencia a mover las orejas hacia abajo y hacia atrás, mantendrá la boca muy abierta y respirará muy rápido. También es probable que mantenga la cola baja, así como los hombros caídos, y que se muestre inclinado hacia delante debido al nerviosismo.

Ahora que sabes un poco más sobre lo que tu cachorro Shih Tzu puede estar sintiendo y queriendo comunicarte, podrás entenderlo mejor y quizás hacer algunos cambios en el entrenamiento si lo crees necesario.

Durante el entrenamiento, el cachorro debe mostrar buen humor, capacidad de respuesta y entusiasmo. Si muestra lo contrario hay algo que no funciona; también podría ser un cachorro muy testarudo que necesita un dueño muy fuerte y decidido.

Si se comporta de forma ligeramente sumisa, sepa que no es algo malo: significa que reconoce que usted está al mando. Si, por el contrario, se muestra molesto, aterrorizado, alterado o incluso hostil, el consejo es suspender la sesión de entrenamiento e intentar que se relaje y cambie de humor.

Si llevas más de quince minutos enseñándoles, detente y tómate un descanso.

Cuando vuelvas a empezar, asimílalo todo más despacio y verás que las cosas van de otra manera.

Utiliza esta conciencia en tu vida diaria con el Barbone.

Míralo, obsérvalo en diferentes circunstancias, y pronto descubrirás qué le gusta, qué odia y cuál es su estado de ánimo. Entonces podrás actuar, dándole más ánimos, más confianza y un entrenamiento adecuado a él y en las circunstancias adecuadas.

Las expresiones faciales de la barba.

Aunque el cuerpo de su perro transmite lo que siente, su expresión facial es igual de importante para entenderle bien. Algunas de estas cosas probablemente ya las sepa, otras es justo que las aprenda.

Aunque en general son las orejas de los perros las que nos dicen de forma particular lo que sienten, el caso de un Shih Tzu es un poco diferente. Utilizan mucho las expresiones faciales para comunicarse entre sí.

Es importante familiarizarse con las expresiones faciales para poder percibir si está contento, excitado, ansioso, asustado, estresado, etc.

→**Comunicación con la cabeza y la cara.** Los oídos pueden decir mucho sobre cómo se siente nuestro amigo. He aquí algunos ejemplos:

- las orejas puntiagudas hacia delante pueden significar que está curioso o excitado. También hay una correspondencia con la postura del depredador, cuando está a punto de lanzarse a la persecución;
- Las orejas estiradas hacia arriba con la cabeza moviéndose de lado a lado pueden indicar que está alerta y en guardia;
- las orejas planas y relajadas pueden representar el miedo;
- Las orejas que apuntan hacia la parte posterior de la cabeza (o hacia adelante) pueden indicar un deseo de atacar;
- Las orejas ligeramente aplanadas y orientadas hacia atrás indican ansiedad;
- las orejas estiradas hacia arriba también pueden mostrar dominancia. Es bueno saberlo, por si te encuentras con

otras razas. El Shih Tzu, sin embargo, no utiliza mucho las orejas y, por tanto, no lo hará para comunicarse con sus compañeros. Sin embargo, sepa que los ojos del perro dirán mucho:

- Los ojos muy abiertos y la mirada intensa centrada en algo indican que se siente en la posición de un depredador (probablemente está mirando algo y quiere ir de caza);
- si parece que los aprieta puedes saber que se está poniendo agresivo o que está comprometido con algo;
- Los ojos muy abiertos y volteados significan dominio;
- Los ojos ligeramente entrecerrados podrían indicar ansiedad;
- Unos ojos grandes, abiertos y parpadeantes suelen indicar que quiere jugar.

→**La voz.** Los perros utilizan su voz para comunicar un mensaje. Diferentes sonidos significan diferentes mensajes, y para entender exactamente lo que significan hay que recordar algunas cosas:

- un gemido bajo con un quejido suele significar que el perro está ansioso;
- Los ladridos suelen ser una señal de amistad,
- gruñir es un signo de agresión;
- Los ladridos de excitación y algunos gruñidos no maliciosos significan que quiere jugar;
- Los aullidos, gruñidos y chillidos suelen indicar miedo o sumisión;
- gruñir y quejarse significa que está en alerta por algo;
- Los aullidos de excitación y los ladridos indican excitación y curiosidad;
- Los gruñidos y las carcajadas indican lentamente el dominio;

- Ladrar fuerte o gruñir puede significar que siente que necesita estar en guardia.

Recuerde siempre que las **expresiones vocales y faciales deben ir unidas a la postura corporal para** entender realmente cómo se siente el animal. Tu cachorro puede gruñir por diversos motivos. Observar el cuerpo de tu cachorro te ayudará a descubrir el motivo exacto.

El instinto de un vagabundo.

Los perros tienen fuertes instintos naturales derivados de sus ancestros los lobos. De hecho, la mayoría de los perros se parecen a este animal en muchos aspectos.

Por supuesto, tras cientos de años de domesticación y evolución, no cabe esperar que el perro actúe como un lobo salvaje. Pero es fácil notar ciertos rasgos en todos los perros.

Algunas similitudes básicas son:
- un fuerte sentido del olfato y del oído, fundamentales y utilizados para detectar la presa a cazar;
- la forma de aullar y quejarse: también muchos Shih Tzus domesticados lo siguen haciendo; sirve para comunicarse en algunas situaciones;
- comunicación a través del lenguaje corporal, los ojos, los oídos, etc;
- jadeando para deshacerse del calor;
- rasgos básicos como la caza, el comportamiento respecto al territorio propio, los instintos sexuales y los instintos de manada: todos ellos presentes en el carácter de la mayoría de los perros.

¿Qué hay en un paquete? ¿Ha oído alguna vez el término "manada de lobos"?

Indica un pequeño grupo de lobos que cazan y viven juntos. Se protegen mutuamente y establecen una estructura social formada por diferentes rangos.

Estos lobos se comunican mediante la voz, el lenguaje corporal, el lenguaje de los ojos y las expresiones faciales.

Puede que tengas un Shih Tzu o incluso dos en tu familia, pero él verá a toda tu familia como su manada. También significa que defenderá a todos los miembros de su manada hasta la muerte.

También hay disputas territoriales, y de hecho te darás cuenta de que algunos perros pueden empezar una pelea con otro perro sólo porque está en el lado izquierdo del comedor... que puede ser su territorio.

Los Shih Tzus también son perros dominantes, y lucharán por su territorio. Esta es otra razón por la que hay que formarlos o educarlos desde pequeños.

No sólo son protectores de su territorio, sino también de los miembros de su manada. El perro no iniciará disputas territoriales en el parque, por ejemplo, porque no es su territorio y, por tanto, no siente la necesidad de defenderlo.

→**El instinto de caza.** Los lobos son animales depredadores. Utilizan su increíble sentido del olfato para rastrear a sus presas antes de que se sientan cazadas y puedan escapar.

Por supuesto, nuestros perros no necesitan ir a cazar para alimentarse pero, cada vez que se encuentre con una ardilla o un conejo durante un paseo, notará la presencia de este instinto también en su mascota, un instinto que se activa de forma inmediata y automática: estará inmediatamente dispuesto a perseguir la presa.

Es un rasgo adquirido de los ancestros del lobo, y es lo que les ayuda a sobrevivir en la naturaleza. ¿Ha visto alguna vez a su cachorro forcejear con un juguete que emite chillidos? Para ti es sólo un juego, pero para el Shih Tzu es una cacería.
También por eso a tu mascota le encanta perseguir objetos, bicicletas, pelotas o coches... porque cree que los persigue.

→**Instintos sexuales.** Los lobos tienen fuertes instintos sexuales. Pueden detectar a una perra en celo incluso a distancia. Una vez encontrado, en una manada, el macho alfa tiende a aparearse con la hembra alfa y todos los demás lo harán sólo con hembras de menor rango.

Cuando una perra está en celo, podrás darte cuenta por el hecho de que muchos perros estarán zumbando a su alrededor. Si tu Shih Tzu es una hembra, cuando esté en celo verás que muchos candidatos rondarán tu propiedad durante el periodo.

Capítulo 5 - <u>El comportamiento de un Shih Tzu</u>

En este capítulo se analizan los problemas de comportamiento más comunes y se muestran los métodos esenciales para resolverlos lo antes posible.

La SUPPLICACIÓN (quejándose).

Los lloriqueos son un tipo de comportamiento que los cachorros tienen a menudo. Si no se soluciona este problema, la mayoría de los perros seguirán haciéndolo hasta los seis meses de edad. Si continúan después de eso, significa que siempre han conseguido beneficiarse de los lloriqueos (comida, atención, afecto).

¿Por qué grita el perro?
La mayoría de los perros ni siquiera saben lo que es un lloriqueo, al igual que no saben que están lloriqueando. Para ellos es como un tic nervioso para nosotros los humanos. Los lloriqueos suelen ser una reacción inconsciente al estrés de todo tipo.

Más concretamente, al nerviosismo, a la inseguridad, al fastidio. En resumen, cualquier cachorro puede quejarse por una u otra razón. Esto es sólo una señal de socorro que el perro está tratando de enviarle. Es una respuesta natural.

Probablemente si el Barbone se comportara así, le darías atención, cariño y/o una golosina para reconfortarlo, ¿no?
Por desgracia, es lo peor que puedes hacer. A pesar de lo cruel que parece ignorar todo ese lloriqueo, lo cierto es que con tu cariño y atención se sentirá aún peor.

Porque es como confirmarle que está en una situación difícil. Así que buscará otras señales emocionales y psicológicas para seguir lloriqueando. Si le consuelas física, verbalmente o con una recompensa, seguro que no lo juzgará como un mal comportamiento.

Así es como vas a lidiar con los llorones:

- no reaccionar con alarma, pero tampoco con compasión y/o empatía;
- no tienen ninguna reacción, ni siquiera verbal;
- no abrazarlo ni consolarlo físicamente;
- no lo pongas fuera de casa, sólo se pondrá más ansioso.

Básicamente tendrás que ignorar los lloriqueos hasta que dejen de serlo. Finge que no lo oyes. No tendrás que ignorar al perro, sólo ignorar el sonido que hace.

Es posible "reconducir" su comportamiento haciendo que haga algo por ti. Por ejemplo, puedes llamarlo, hacer que se siente y luego premiarlo con tu atención (ahora que se la ha ganado).

También puedes mantenerlo activo y ocupado en un juego que le guste. Para alejar la ansiedad de su mente.

Juega y... muerde.

¿Alguna vez su perro le ha mordido las manos o las piernas durante el juego?

Tal y como lo ve el cachorro, sólo te ataca por diversión. Es muy común entre los perros jóvenes que no han aprendido a controlar su mordida, cuando muestran afecto o quieren jugar.

Si tu cachorro no puede controlar los mordiscos, significa que no ha pasado suficiente tiempo con sus hermanos para aprender que también puede hacer daño. Si este es el caso, detenga el juego e ignore al cachorro cada vez que lo haga.

Tendrás que enseñarle que morder no es el comportamiento correcto a la hora de saludar o jugar: no es afecto sino dolor; un comportamiento inaceptable.

Normalmente los pequeños que tienen este mal hábito no vuelven a morder cuando crecen. Sin embargo, a veces, si no aprenden, pueden mantener el hábito durante toda su vida adulta, causando así mucho más dolor. Por lo tanto, es mejor hacer algo para detenerlo antes de que la situación degenere.

En primer lugar, hazte una pregunta: ¿por qué muerde el cachorro?
Los Shih Tzus pequeños son un poco como los niños. Curioso, tonto y muy juguetón. Pero, por desgracia, sus juegos suelen incluir gruñidos, ladridos y mordiscos.

Es lo que hacen desde su nacimiento con sus hermanos cachorros. Por eso, cuando se emocionan y tienen muchas ganas de jugar con su dueño, se comportan de la misma manera. En general, empiezan a entender que morder duele cuando, al seguir jugando con sus hermanos, uno de ellos grita o él mismo se hace daño.

Sin embargo, es posible que esto no ocurra porque el pequeño puede ser alejado de la familia demasiado pronto, sin haber tenido la oportunidad de aprenderlo, y por lo tanto mantendrá el hábito de morder durante el juego.

En ese momento, depende de ti enseñarle a no hacerlo. Afortunadamente, hay muchos métodos para entrenar a su cachorro de Shih Tzu para que se detenga.
¿Cómo evitar que un perro pequeño muerda?

Una de las soluciones ideales es dejar de jugar inmediatamente con el cachorro cuando lo muerde. Además, trata de enfatizar por qué dejaste de jugar. En cuanto te muerda, aléjate y coge uno de los juguetes que estabas usando para jugar con él y llévatelo. El Shih Tzu aprenderá que si muerde, la diversión terminará rápidamente para ambos.

Además, cuando el cachorro te muerde, intenta gritar. Es el mismo método que utilizan los cachorros, que por cierto funciona de maravilla. El único inconveniente es que probablemente te mirará raro al principio porque no entenderá lo que estás haciendo, pero poco a poco las cosas irán mejorando.

A continuación, debe evitar el juego agresivo. Por mucho que a tu pequeño le guste luchar contigo, no cedas. No hay peleas, no hay tirones de orejas - le animan a morder.

Por último, te aconsejo que seas constante en todo momento. Es decir, si dejas de jugar con el Shih Tzu y le gritas cuando empieza a morder, tienes que hacerlo siempre para que no se confunda, sino que entienda lo que intentas enseñarle; lo mismo deberían hacer todos los miembros de la familia. Esto es importante porque hará que tus esfuerzos sean mucho más efectivos y tu cachorro aprenderá a comportarse mucho más rápido.

Incluso los perros mayores pueden ser entrenados para dejar de morder, aunque se necesita más tiempo y definitivamente les duele más que a los pequeños.

Una vez más, es importante ser coherente con el entrenamiento y no permitirle morder una vez que se pone y otra que se quita. Tiene que recibir un mensaje alto y claro. Recuerda siempre no golpear o abofetear al cachorro después de que te haya mordido: crearás confusión pero también miedo o agresividad.

El método para conseguir que se detengan que te he mostrado funciona de maravilla.

Miedo a los objetos. El miedo, en un cachorro, provoca un comportamiento extraño. Ya sea que lo asustes a él o a otra persona, morderá para protegerse.

No es una agresión, y no significa necesariamente que el bebé sea peligroso, aunque la mordida, por definición, lo sea.

Un gran temor puede presentarse durante una tormenta eléctrica. Puede que veas al perro debajo de la cama o contra la pared.

Como maestro podrías intentar, riendo, convencerle de que no hay nada que temer. Tal vez puedas intentar atraparlo y que te muerda.

Sucede porque el cachorro tiene una fobia, y no hay nada que puedas hacer en ese preciso momento.
El bebé te muerde porque de alguna manera intentas acercarle el objeto de su miedo. El mordisco, en este caso, es una reacción de autodefensa, igual al momento en que se protege de un depredador.

→**La causa.** Todos los perros experimentan un periodo de su vida en el que sufren ciertas fobias, que les acompañarán el resto de su vida. El período (alrededor de las ocho semanas de edad y luego de nuevo alrededor de las doce a catorce semanas) es comúnmente conocido por este tipo de temores y reacciones.
Depende de varios factores, genéticos (algunas de estas fobias también pueden identificarse en el comportamiento de los padres del cachorro). Es raro que padres seguros y confiados den a luz a bebés temerosos. Ésta es otra buena razón para conocer a la madre del cachorro antes de la adopción: sabrás qué esperar.

→**Cómo afrontar los miedos y las reacciones posteriores.** El miedo que lleva a morder no es agresión, y no es algo que se pueda entrenar para que no lo haga. En estos casos, el cachorro simplemente está en un estado de terror y actúa como no reaccionaría normalmente. Un perro muy asustado siente realmente que está a punto de morir, por lo que se protegerá con todas sus fuerzas.

En una situación así, no se puede entrenar a un perro para que se comporte de la manera deseada, porque reaccionará basándose en el instinto.

He aquí algunos consejos para ayudarle con sus miedos:

- **Intenta que el cachorro transforme su miedo**: si, por ejemplo, le da miedo la aspiradora, cuando esté apagada déjala cerca para que la vea, la huela y la observe con atención. Esto le mostrará que no es un objeto dañino;
- **Cuando el cachorro está asustado, toma las señales emocionales de su dueño,** así que muéstrese feliz, positivo, y trate de hablar sin sentido mientras se ríe. Esta actitud relaja a la mayoría de los perros;
- **socialice con su mascota**: sáquelo a menudo durante su adiestramiento y/o formación; intente llevarlo siempre a diferentes lugares y con diferentes personas, y poco a poco aprenderá que no hay nada que temer;
- Si su amigo de cuatro patas tiene miedo a los objetos reales (como bocas de incendio, autobuses, paraguas, etc.), intente siempre **crear un vínculo entre él y el objeto** que teme: deje que huela el objeto y luego elógielo y/o recompénselo por ser valiente;
- si el objeto de sus temores se acerca, **redirija la atención de su perro** diciéndole órdenes básicas: luego elógielo y recompénselo.

Comportamiento destructivo (masticación y otros).

Los cachorros mastican objetos por diversas razones, como explorar el entorno, jugar, aliviar el aburrimiento, desarrollar sus dientes *O* establecer su dominio.

Los perros, sin embargo, nacen con la idea de ser compañeros y tener que pasar tiempo en manada, ocupándose, haciendo ejercicio y explorando nuevos territorios.

Así el cuerpo y la mente se mantienen sanos. Cuando se les deja encerrados en casa, en la jaula, en la habitación o incluso en el patio durante largos periodos de tiempo, acabarán mordiendo de forma destructiva porque es la forma en que expresan su malestar.
¿Por qué resolver el problema?

Se podría pensar que un perro mastica por naturaleza. Entonces también piensas que tu teléfono, el mando a distancia o incluso tu iPod son objetos de tamaño ideal: podría utilizarlos fácilmente como juguetes para masticar. Ya he dicho bastante, ¿verdad? Así que sí, es absolutamente necesario resolver los problemas destructivos.

En primer lugar, trate de mantener los dispositivos electrónicos caros fuera del alcance del Shih Tzu, tanto por su propio bien como por la seguridad del perro. Después, intenta hacer lo mismo con cualquier cosa que os importe a ti y a tu familia.

Llegados a este punto, es el momento de pasar a la acción y conseguir que tu mascota deje de morder objetos que no son sus juguetes.

Este es un problema similar a muchos otros relacionados con el comportamiento de los perros. Las causas son varias. En primer lugar, tendrás que entender por qué al Shih Tzu le gusta morder cosas que no debería tocar. Una vez que lo entiendas, podrás empezar a abordar la situación, no el síntoma.

Algunos cachorros, por ejemplo, mastican porque no saben que no pueden hacerlo.

No puedes esperar que tu pequeño sepa exactamente lo que puede masticar y lo que no, sobre todo si aún no ha sido entrenado. Así que recuerda que los cachorros no nacen con conocimientos, y necesitan el entrenamiento adecuado para evitar que esta actitud se convierta en un mal hábito difícil de romper.

Sin embargo, si el Shih Tzu está acostumbrado a morder algo que no debería tocar, es importante pillarlo en el acto y aprovechar ese momento para mostrarle que lo que está haciendo está mal. Tendrás que llamar su atención y decir "no", y luego hacer que se concentre en algún juguete hecho especialmente para él.

Por eso, si ves que el perro te muerde los zapatos, llama su atención llamándole por su nombre con voz alta y firme. Entonces, en el momento en que te mire sorprendido, dile "no" y retira rápidamente el zapato y sustitúyelo por uno de sus juguetes masticables. Cuando empiece a morderlo, elógialo y dale una pequeña palmadita en la cabeza.

Se puede saber cuando un Shih Tzu mastica por aburrimiento: lo hace cuando está solo en casa. Básicamente lo hace para mantener su mente ocupada, por lo que empieza a morder su silla favorita, los zapatos, la ropa, etc.

Sin embargo, es seguro que si el perro sabe que ha hecho algo malo, lo verás escondido con el objeto dañado y el rabo entre las piernas: significa que se siente culpable. Si, por el contrario, te saluda como si nada, probablemente no sabía que estaba haciendo algo prohibido.

Si tu Shih Tzu se muestra culpable, tienes que encontrar otras cosas para que haga mientras no estás. Puedes intentar darle juguetes para masticar para pasar el tiempo. En ese momento, los muebles y tus pertenencias estarán a salvo porque sus dientes y su mente estarán concentrados en otra cosa.

Puede ocurrir que el Barbone mastique sus cosas para aliviar el estrés: esto para los perros es uno de los mejores métodos. Lo mismo para eliminar la ansiedad, o cuando están preocupados.

El estrés y la ansiedad también pueden ser causados por una soledad prolongada: no sabía qué hacer mientras tú estabas en el trabajo, o quería distraerse con ruidos y sonidos extraños procedentes del exterior que le daban miedo.
Por lo tanto, si la masticación destructiva está causada por el estrés, tendrá que encontrar algo que le permita descargarse y mantenerse ocupado a lo largo del día.

Cuando vuelvas, puedes sacarlo a correr, ya que el ejercicio es una buena forma de aliviar el estrés. No olvide permitirle ejercitar también su mente enseñándole algunas órdenes nuevas.

Así será mucho más feliz y dejará de masticar tus cosas y de causarte daños.

El problema de las EXCAVACIONES.

A algunos cachorros les gusta explorar y cavar... buscando "tesoros" enterrados en el jardín. Por supuesto, todos sabemos que no hay tesoros, así que ¿qué podemos hacer para evitar que abran mil agujeros en el suelo?
Primero tenemos que hacernos una pregunta. ¿Por qué cavan? Bueno, para resumir, diría simplemente que a algunas personas les gusta porque les resulta divertido y otras lo hacen porque se aburren.

Desde luego, a nosotros no nos hace ninguna gracia... pero algunos especímenes lo hacen durante días enteros. El cachorro puede ser o no un cavador - depende de él, de su temperamento y de otros factores. Sin embargo, no podemos dejarlo estar.

Si tu amigo de cuatro patas está causando esos problemas (cavando, pero no sólo), no te preocupes demasiado. Existen métodos muy sencillos y eficaces para educar a su perro de forma correcta y resolver la situación.

Sin embargo, todo empieza y mejora con el adiestramiento; es importante empezar cuando tu amigo es sólo un cachorro. Pero abordemos específicamente el problema de la excavación destructiva.

¿Sabes cuáles son las principales razones por las que el Barbone empieza a cavar de forma persistente?
Como ya hemos dicho, es ciertamente divertido, pero hay más que eso.

También es una buena forma de refrescarse en un día caluroso, o tal vez el perro está siguiendo un nuevo y extraño olor que le intriga, o quiere que le prestes atención mientras lo hace, obviamente porque no le parece una mala actitud.

Cuando entiendas las causas, te preguntarás: ¿pero cómo conseguir que un Shih Tzu deje de cavar en el jardín?

El consejo es **distraerlo y mantenerlo ocupado con otras actividades**. O se tratará de encontrar otro lugar donde su ejemplar pueda cavar tranquilamente sin causar molestias a nadie. Parece más fácil decirlo que hacerlo, ¿verdad?

Básicamente, primero tendrás que intentar averiguar por qué el Barbone cava tanto.
¿Sólo lo hace cuando tú no estás? Entonces probablemente sea el aburrimiento. En este caso, está bien distraerle con juguetes para que juegue fuera en el jardín. Si no muestra interés por los juguetes que le has dado, búscale algo que pueda masticar. Seguro que lo apreciará mucho más!

Si su perro sólo empieza a escarbar en los días calurosos de verano, entonces sólo está tratando de refrescarse. En este caso mójalo o juega con él con una pistola de agua. Sin embargo, ¡tenga cuidado al volver a casa! Quizás recuerde limpiarlo y secarlo antes de dejarlo entrar.

Si, por el contrario, crees que está cavando por un olor extraño, no encontrará oro, pero... quizá haya un pequeño roedor cerca. En este caso trata de distraerlo, intenta que centre su atención en otras cosas, al menos hasta que el olor desaparezca por completo.
Estos son los casos más comunes y las soluciones. Distraerlo sigue siendo el método más eficaz y adecuado.

LA AGRESIÓN Y LA DOMINACIÓN.

La agresividad es un instinto natural que a menudo tendemos a olvidar. Es parte de su instinto de supervivencia. No debemos olvidar que, después de todo, siguen siendo pequeños lobos domesticados.

Estas son algunas de las razones más comunes por las que su perro puede volverse agresivo:

- cree que es el perro alfa;
- se está defendiendo a sí mismo y a su territorio;
- Cuida el cuenco de la comida y sus juguetes;
- está experimentando un dolor o una lesión;
- está asustado.

Hay que saber detectar los primeros signos de agresividad. He aquí algunas formas sencillas de captar las señales adecuadas a tiempo.

- ¿Guarda su comida y sus juguetes?
- ¿Actúa de forma dominante y exige atención?
- ¿Les molesta a usted y a su familia mientras comen?
- ¿Ignora intencionadamente tus órdenes cuando sabe exactamente lo que tiene que hacer?

Si su respuesta es afirmativa, considérelas señales de advertencia. ¿Por qué?
La razón por la que no debes subestimar este tipo de comportamiento y debes ponerle fin es porque tu perro se cree superior a ti.

Significa que te estás visualizando como el perro alfa, lo que puede llevar a situaciones preocupantes.

En cualquier caso es necesario saber cómo tratar a un Shih Tzu que muestra una actitud dominante.

Si el perro está perdiendo la confianza en ti y cuestiona tus acciones, significa que no te ve como el "perro alfa" o el amo al que debe respetar. Significa que tendrás que demostrarle que tienes las cualidades para dirigirlo y recuperar su confianza.

La forma más eficaz de hacerlo es comenzar de nuevo el entrenamiento educativo, para conseguir su obediencia de forma sencilla y esencial. Así que empieza con los trucos y órdenes que ya ha aprendido, y luego añade otros nuevos. En la naturaleza, el perro alfa es el que enseña al resto de la manada cómo comportarse y les dice qué hacer, y tú harás exactamente eso para recuperar tu lugar.

Estos son algunos consejos sencillos para ayudarte a lidiar con un Shih Tzu dominante:

- Camina siempre con la cabeza alta y siéntete orgulloso de tu amigo de cuatro patas; parece sencillo pero, créeme, los perros son muy buenos detectando las verdaderas emociones de las personas, así que no finjas;
- Recompénselo cada vez que le haga caso, así el perro sabrá que si le hace caso será recompensado, y por tanto sabrá que lo ha hecho bien; la recompensa no siempre tiene que ser una delicia culinaria: una pequeña palmadita en la cabeza y un elogio también pueden ser suficientes: con un Shih Tzu funcionará muy bien;
- no sobornes ni engañes a tu perro para que te haga caso: premiarlo es una cosa, engañarlo es otra; si lo engañas

empezará a hacer las cosas a su manera y conseguirás el efecto contrario al que quieres;

- ignora al perro cuando pida sobras: no cedas a la tentación de darle parte de tu cena, al contrario, recuerda que podría hacerle daño y que en cualquier caso siempre hay que establecer las condiciones del líder; si realmente quieres, hazle realizar un truco o una orden para que se gane la recompensa.

Por supuesto, también hay actitudes que hay que evitar.

Aunque no lo creas, en los libros de adiestramiento de perros y en algunos sitios populares he leído muy malos consejos. Así que presta atención y evita hacer lo que voy a enumerar.

Estas son actitudes que sólo perjudicarán la relación entre usted y su Shih Tzu, e incluso provocarán más problemas de agresividad.

- No le muerdas la oreja. En primer lugar, es ridículo, ¡pero hay gente que lo hace! ¿Cómo podemos pensar que el perro nos va a respetar si nos comportamos como maníacos histéricos?
- No te pelees con él para que entienda que eres el "perro alfa". Es cruel, ineficaz e inútil.
- No te "olvides" de alimentar al Barbone. El control de la comida es importante, pero es fundamental no castigarlo así, es una auténtica crueldad.
- No sigas los consejos que sugieren castigar al perro para demostrar que tienes la sartén por el mango. La persona que te ha dado ese consejo no sabe nada de Shih Tzu, ni siquiera de perros en general.

Como puedes ver, los problemas de dominancia pueden comenzar con señales mixtas que no necesariamente determinan que el Shih Tzu sea agresivo. Sin embargo, siguiendo este artículo podrás entender muchas actitudes y comportarte de la manera más correcta y eficaz para ganarte el respeto y la confianza que mereces.

Hay algunos casos en los que puede ser peligroso intentar resolver el problema por su cuenta. Por ejemplo, si tiene miedo de su perro, no dude en pedir ayuda. En esta situación, el consejo es contratar a un adiestrador profesional para tratar la agresividad (cuando su perro le muerde, tiene miedo o está protegiendo su comida y juguetes de mala manera).

Sin embargo, puede poner en práctica las sugerencias descritas en este capítulo. Sin embargo, no hay forma de saber con seguridad cómo reaccionará su perro.

Estas son algunas de las cosas que debe y no debe hacer cuando intente corregir los problemas de agresión y dominación:

- tomar precauciones para limitar su actividad (por ejemplo, utilizando una correa y/o un bozal);
- Llévalo al veterinario; tal vez sea agresivo porque está enfermo;
- no juegues ni te pelees con él;
- no intentes "sobornarlo" con comida o premios;
- no lo castigues mal y no lo humilles.

El consejo es poner en práctica todas estas sugerencias durante unos días. A continuación, se realiza una **formación de no agresión**:

Día 1 y Día 2: Tienes que averiguar si tu perro se ve realmente como el perro alfa. Si es así, será realmente engreído y tratará de conseguir todo lo que quiera cuando lo quiera.

En este punto tienes que hacerle entender que necesita a su familia humana. Te necesita para sobrevivir. Por eso eres el perro alfa.

Lo primero que tienes que hacer **es aislarlo de la familia**. Ignóralo todo durante dos días. Las demandas de atención y compasión aumentarán, pero no cedas, entre otras cosas porque su comportamiento empeorará en cuanto le permitas volver a ser el perro alfa entre vosotros.

Haga lo que haga, no cedas. No le prestes atención ni respondas a sus quejas. Actúa como si no estuviera allí. Esto puede ser difícil, pero es muy útil para evitar que refuerce su mal comportamiento.

No podrás hablarle como a un niño. Obviamente necesitas enviarle tu mensaje, y esta es la manera. Si parece que el comportamiento está empeorando no es así, en realidad es lo contrario. Será la desesperación la que le haga ladrar más fuerte y con más rabia.

Día 3: En este momento se sentirá solo y desesperado por recibir atención.

Estará ansioso y confundido sobre lo que está pasando.
Recuerda: mostrarle la más mínima atención o gesto de afecto debe ser siempre tu decisión. Tú decides cuándo quieres abrazarlo, y él tendrá que merecer todo lo que se le dé.

Antes de que llegue la comida o antes del paseo al exterior, tendrá que cumplir una orden tuya. El suyo es un comportamiento dominante que nunca debe ser tolerado. Tú decides todo, y así lo entenderá él.

Es una forma de reforzar constantemente su autoridad sobre el perro. Es necesario seguir siendo siempre el perro alfa, y asegurarse de que entiende que debe hacer lo que tú dices para merecer comida, atención, afecto, juguetes, salidas, etc.

Deberá **continuar con esto durante unas cinco semanas**. También tendrás que seguir educándole entrenándole con algunas órdenes de obediencia. Es perfecto para mostrarle qué acciones se premian, así como para seguir reforzando tu posición como perro alfa. Comience siempre con algunas órdenes básicas como sentarse, tumbarse, quedarse quieto y bajar.

→**Reglas básicas para un "maestro alfa":**
- no le des nada hasta que se lo haya ganado explícitamente;
- recompensa sólo el comportamiento positivo: cualquier tipo de atención, positiva o negativa, será vista por el perro como una recompensa;
- si se porta mal, ignóralo inmediatamente y asegúrate de que todos los demás también lo hagan;
- en estos casos, hable con el cachorro sólo para premiar su buen comportamiento;
- no participes en juegos que puedan desencadenar agresiones;
- Permítale usar sólo un juguete para masticar cada día: si le da más, pensará que son de su propiedad y tendrá que protegerlos;
- Gritar o golpear al perro no servirá de nada;

- en público, utiliza el sentido común: mantén la correa corta y lleva un bozal si lo consideras necesario;
- ejercitar al perro tanto como sea posible.

Después de cinco semanas, debería notar cambios definitivos en el comportamiento de su mascota. En ese momento puedes introducir órdenes más divertidas; ¡recuerda no enfadarte con él durante el entrenamiento!

TIRA DE LA GUARDIA.

La forma más rápida de arruinar un buen paseo puede ser el comportamiento del Shih Tzu. Generalmente no deja de tirar de la correa....

¿Te ha pasado a ti?

¿Quién querría ser arrastrado por el perro entre los arbustos?

No muchos, supongo. Y probablemente seas una de esas personas a las que no les gusta.

Algunos propietarios se cansan de la situación: los paseos se vuelven molestos y vergonzosos, tanto que muchos ya no los quieren. Menos paseos harán que el perro esté aún más agitado y excitado. Por lo tanto, cuando el dueño decida sacarlo, el resultado será que el Shih Tzu tirará aún más.
Pero, ¿por qué lo hace?
Es necesario entenderlo para resolver el problema.

- Por lo general, los perros tiran de la correa por excitación. Esta es la causa más común. Tal vez simplemente se sienta abrumado por todos los nuevos olores, sonidos y cosas que le rodean, por lo que empieza a tirar de su dueño en todas las direcciones posibles. Si su Shih Tzu parece excitado o abrumado cuando sale a pasear, esta es la causa más probable.

  Para solucionar este problema, el primer paso es dar más paseos con tu mascota. Si las salidas son más frecuentes, no serán tan emocionantes para el perro. No será una ocasión tan especial para él, y no se sentirá ansioso. Básicamente, tendrás que convertir los paseos en una rutina regular.

- Algunos Shih Tzus tiran de la correa porque están asustados. De hecho, algunos perros tienen miedo a los vehículos, a otras personas o a los ruidos fuertes. Si crees que ese es tu problema, tu amigo debe mirar todo con ansiedad y su expresión debe transformarse constantemente en cuanto ve a un extraño o escucha algo: el miedo es entonces probablemente la verdadera razón de su comportamiento.

  En este caso tu actitud tendrá que ser más comprensiva y más sensible. No intentes empujarle a situaciones desconocidas o aterradoras en contra de su voluntad para que supere sus miedos. Por el contrario, deberías intentar cambiar algo: empieza a llevarle a lugares más tranquilos, como el parque, e intenta presentarle a gente nueva y presentarle cosas nuevas. De este modo, el Shih Tzu aprenderá pronto que las situaciones nuevas no siempre dan miedo.

- Por supuesto, puede haber problemas de comportamiento subyacentes. Un perro que se siente el "perro alfa" o líder de la manada siente que puede tomar el control del paseo. Si el Shih Tzu muestra este tipo de actitud en otras situaciones también, entonces necesitas corregir su comportamiento dominante antes de que la situación empeore.

  En estos casos es necesario tomar el control y mostrar al perro que usted es el "líder de la manada". No tendrás que utilizar las tácticas abusivas que se encuentran en algunos libros y sitios web. Hay varios métodos eficaces que también evitan que tu mascota te odie.

Sin embargo, estas situaciones pueden solucionarse con el adiestramiento del Shih Tzu. Necesita un adiestramiento que lo haga obediente y un dueño que le preste toda la atención adecuada, para que crezca feliz y sano... ¡y sin tirar de la correa!

HIPERACTIVIDAD.

La hiperactividad suele estar causada por la falta de ejercicio o por un exceso de excitación. No hay nada de malo cuando tu amiguito está emocionado, pero cuando te pasas de la raya y la actitud va acompañada de nerviosismo incluso cuando deberían estar descansando, entonces está claro que hay un problema que no estás abordando adecuadamente.

Hay algunos pasos sencillos para asegurarse de que los niveles de actividad de su perro se mantienen dentro de los límites normales:

1. saca al perro a pasear cada mañana;
2. jugar con él en el patio o en el parque, para asegurarse de que drena la mayor parte de su energía;
3. Mantenga al cachorro estimulado mentalmente dándole juguetes;
4. no lo elogies cuando no se lo ha ganado;
5. Elógielo sólo cuando esté tranquilo y relajado.

El MIEDO DE LA GUARDIA.

Algunos perros tienen miedo a la correa. Puede ser porque han sido maltratados (por ejemplo, han sido arrastrados de mala manera en el pasado) o porque no les gusta sentirse "atrapados".

Pero hay una solución sencilla. En primer lugar, recuerde que debe hacer todo despacio: si su mascota tiene miedo, no espere una mejora inmediata. Así que ve paso a paso.
Esto es lo que tienes que hacer:

1. Intenta acostumbrar a Barbone a la vista y al olor de la correa: deja que juegue con ella para que su miedo disminuya gradualmente, deja la correa en los lugares donde tu cachorro juega;
2. A continuación, acaricia a tu bebé mientras sostienes la correa en tu otra mano y deja que la huela, o envuelve una parte de ella alrededor de la mano con la que lo estás acariciando, y repite el proceso al menos tres o cuatro veces;
3. si parece que se está acostumbrando, entonces estás preparado para enganchar la correa al collar: siéntalo y procede con alegría, pero sin mimarlo ni reforzar su nerviosismo de ninguna manera;
4. una vez que tenga la correa puesta, recompénsalo por su valentía;
5. Retira la correa después de diez o quince minutos y muestra mucho afecto y elogios por su valor;
6. después de una semana, mientras él está en la correa y usted está jugando, usted puede finalmente introducir algunos comandos en el paseo;

7. entonces puede aumentar el tiempo de la salida con correa a un paseo largo.

Si todo va bien en este punto, tu cachorro ya no tiene miedo a la correa. Si, por el contrario, se ha mostrado ansioso o muy asustado durante un pasaje, vuelve al pasaje anterior.

Cosas que hay que evitar en estos casos:

- no lo fuerces: la idea es dejar que se acostumbre sin prisas;
- no exasperes su nerviosismo, porque después se convertirá en miedo; mantén la calma;
- no lo castigues.

"Robar" comida.

Este es un comportamiento común para algunos perros, debido a una serie de razones.

Es una actitud natural que tu mascota te arrebate la comida de la mano, la aleje del fregadero, de la mesa, etc. Pero no podemos aceptarlo. Puede ser peligroso (los objetos afilados o las cacerolas calientes pueden causarte daños a ti y a él); no hay métodos específicos para tratar este problema, pero puede solucionarse.

Te sugiero que primero entiendas la causa del comportamiento.

- El perro puede robar cosas que le pertenecen porque sufre de ansiedad por separación.
- Muchos lo hacen para llamar la atención de sus dueños.
- Algunos porque no tienen suficientes juguetes.
- Tal vez tenga hambre.
- Se aburre y no hace suficiente ejercicio.

Ahora que conoces algunas causas, será necesario identificar la de tu perro y encontrar una solución adecuada.

Aquí hay algunos. Elija los que se aplican a su situación.
- Intenta evitar el comportamiento no permitiéndole alcanzar la comida.
- Píllalo en el acto y trata de darle una respuesta negativa.
- Intenta que coma sólo del cuenco.
- Proporciónale muchos estímulos físicos y mentales para que no se aburra.
- Cómprale más juguetes.

Te sugiero que **te equipes con una pistola de agua** y la uses cada vez que el Barbone esté a punto de robar comida. Pero asegúrate de hacerlo antes de que se lo coma. Si es posible, actúe tan pronto como lo sorprenda en el acto. De este modo, podrá eliminar este tipo de comportamiento.

Cuestiones relacionadas con los viajes.

No todos los perros son iguales, hay que tenerlo en cuenta. Pero la mayoría tiene problemas en la carretera. En el coche pueden enfermar. Pero la mayoría de las veces hay que acostumbrarlo dándole unos cuantos paseos en el coche; después de un tiempo debería empezar a gustarle.

Estos son algunos consejos para los que viajan en coche:
1. Acostumbre a su perro de forma gradual: haga viajes cortos y luego, poco a poco, más largos;
2. conducir con seguridad;
3. no hagas que todos los viajes sean "malos" para él: utiliza el coche también para llevarlo al parque... y no sólo al veterinario;
4. si después de uno o dos meses no desaparece el "mareo del coche", ponte en contacto con tu veterinario.

No todos los perros vomitan cuando se sienten mal en el coche. Pero aquí hay algunas señales de advertencia. Preocúpate si durante el viaje:
- sigue gimiendo;
- eructos o hipo;
- Babea en exceso;
- jadeo;
- pone los ojos en blanco.

Si tu cachorro muestra estos síntomas, primero detente, aunque sólo sea durante cinco minutos, y luego llévale a dar un pequeño paseo. Entonces, reanuda tu viaje.

También es importante para tu seguridad en el coche. Preocúpese especialmente si su mascota se vuelve hiperactiva, ya que este comportamiento tiende a suponer un mayor riesgo mientras conduce.
Le recuerdo que le gustaría mirar por la ventana.

También puede ser uno de los momentos más divertidos para un perro en la carretera, pero recuerde que es peligroso, y podría dañar sus ojos o su nariz incluso a baja velocidad.

No creo que haya peligro de daños, pero en las carreteras hay escombros y mucho polvo. Dejemos que el sentido común decida.

El Barbone salta sobre la gente.

Tener un perro que no para de saltar sobre los invitados puede llegar a ser realmente molesto y a veces incluso embarazoso. Un Shih Tzu bien entrenado debe saber que saltar sobre las personas no es la forma correcta de comportarse.

En primer lugar, es justo entender algunas cosas....

Si el Barbone salta sobre ti cuando llegas a casa del trabajo o después de un largo día fuera, lo más probable es que lo haga porque está emocionado por verte.

Puede ocurrir incluso si no lo has dejado durante mucho tiempo... seguirá ahí moviendo la cola esperando que le abras la puerta.
Este tipo de amor, o emoción, es la razón por la que muchas personas prefieren la compañía de los perros a la de otras mascotas (¡o a menudo a la de otros humanos!). Sólo un perro te recibirá en la puerta aunque sólo lleves treinta minutos fuera.

Así que no pasa nada si eres tú; cuando ocurre con otros la cuestión es un poco diferente. ¿Por qué el Barbone salta sobre cualquiera que entre en su casa?

Cuando su mascota salta sobre sus invitados y amigos, seguramente se excita con su presencia. Generalmente, la intención es acercarse a la persona para olerla y mostrar alegría al verla.
Desgraciadamente, no hay mucha gente que esté contenta con esto, y si el perro no ha aprendido a saludar de otra manera insistirá, pensando que está bien.

He aquí algunas sugerencias para poner fin a esta actitud suya.

Si el Shih Tzu acostumbra a saltar sobre las personas a pesar del entrenamiento, es hora de intentar tomar algunas medidas decisivas para solucionar el problema.

Siempre que vuelvas a casa del trabajo, intenta ignorar al perro hasta que se calle. Recuerda que cuando salta está tratando de llamar tu atención. Así que si empiezas a gritar "para", "para" o "para", es obvio que lo tiene. Si lo ignoras el Shih Tzu aprenderá que saltando sobre ti no consigue nada.

Dile a los invitados que hagan lo mismo. Cuanto antes entienda que saltar no llama la atención, antes se resolverá el problema. Asegúrese de que todos los que viven en casa con usted y cualquier amigo sigan este procedimiento, y recuerde que la consistencia es la clave del éxito cuando se entrena a un Shih Tzu.

En cuanto se calme, puedes premiar a tu perro. Si empieza a saltar de nuevo cuando ve la recompensa, es importante conseguir que se siente y se quede quieto, de lo contrario perderá la recompensa.

Cuando todo va bien, puede recibir elogios y recompensas.
Por último, me gustaría decirte que es importante no cometer el error de dejar que tu perro se lance sobre ti sólo porque te sientes culpable por dejarlo solo o porque no puedes ignorarlo....

Sólo empeorarás la situación y harás que tu amigo esté cada vez más ansioso.

La barba salta sobre el mobiliario.

No todos los propietarios de Shih Tzus están contentos de ver a su perro saltando sobre los muebles y dejando pelos en el sofá y la cama. A otros, en cambio, no les importa compartir la cama con sus mascotas. Por lo tanto, todo depende del propietario y de sus necesidades y hábitos.

Si tu perro tiene este comportamiento y no lo toleras, puedes enseñarle a no saltar sobre los muebles y más. En realidad es muy sencillo: evidentemente, necesitarás el compromiso y la paciencia habituales.
En primer lugar, deberías saber por qué el Barbone salta sobre los muebles...

La respuesta es bastante obvia. Dormir en el sofá es más cómodo que en el suelo, y todo lo demás es un juego, una diversión o una forma de desahogarse. Entonces tienes que admitir que un colchón blando es muy acogedor, especialmente durante tu ausencia.

Otra razón por la que tu perro salta sobre los muebles es porque se siente con derecho a hacerlo, no se le ha prohibido hacerlo desde que era un cachorro. No cree que sea un problema. Por eso hay que entrenar a los Shih Tzus desde una edad temprana. Sin embargo, siempre puedes incluir esta regla más adelante también, aunque te será más difícil sacarlo del mal hábito.

Si tu amigo de cuatro patas se instala en tu cama mientras estás trabajando... ¡puede ser porque la cama le recuerda a ti! Más aún si su perro se instala en el lado en el que usted duerme. Esto es algo muy bonito por su parte, pero sigue siendo importante enseñarle a parar. ¿Cómo se hace eso?

Lo primero que tendrás que hacer es asegurarte de que el Barbone no se suba a los muebles cuando estés allí. Si vas a decidir que no se le permite subir a la cama, debes saber que siempre tendrás que mantener la decisión de forma coherente.

Así que, aunque quieras abrazar a un suave cachorro para reconfortarte de un mal día, ya no podrás hacerlo en la cama. No debería haber excepciones, porque crean confusión en sus cabezas.
También debes asegurarte de que el Shih Tzu tenga una cama cómoda propia. Así que elige un lugar donde nadie le moleste. De este modo, el perro será más propenso a quedarse en su cama en lugar de subirse a la suya.

Hay otras actitudes que debes cambiar. Si, por ejemplo, tu amigo ensucia los muebles y se lleva tus mantas y toallas, es probable que lo haga porque le recuerdan a ti cuando no estás y te echa de menos. Pero cuando, además del desorden, estamos hablando de una masticación destructiva, el problema debe solucionarse absolutamente....

Hay métodos para resolver este problema que se explican en otros artículos, pero recuerda siempre que es muy importante imponer reglas al Barbone para que las respete. Con el tiempo dejará de tener estas actitudes.

Capítulo 6 - <u>Información útil, salud, consejos y más</u>

Tener DOS PERROS en casa.

Algunas personas piensan que adoptar dos perros o añadir un segundo perro es una gran idea. En cuanto al compañerismo, lo es, pero hay algo más que eso. Sepa que es mucho menos probable que se produzca un comportamiento destructivo con dos perros cerca, porque pueden mantenerse ocupados el uno al otro sin necesitar todo su tiempo.

Sin embargo, tendrás que asegurarte de que no se peleen por el territorio o los juguetes. ¿Cómo?

- Si has adoptado dos Shih Tzus al mismo tiempo, puedes seguir algunos de los siguientes consejos:
- asegúrese de que tienen un temperamento similar: dos perros muy enérgicos se llevarán mucho mejor que uno que sea salvaje y holgazán;
- no permitas que lo compartan todo: deben tener juguetes separados y un cuenco cada uno.

Si les cuesta, no te asustes de inmediato y no te involucres: lo que a nosotros nos parece una lucha puede ser un juego para ellos.

Y no impidas que el perro ponga a prueba su dominio. Tú eres superior a ellos, y uno de ellos tendrá que ser superior al otro. Puede ser la única manera de vivir en paz en el mismo hogar.

Convivencia de perros y gatos.

Los perros suelen ser amigables con los gatos, aunque no lo parezca. Los Shih Tzus se encuentran entre los perros que aman a los felinos domésticos. No ven al gato como una presa y suelen llevarse muy bien con él. Así que tener a ambos animales en casa es posible, aunque a veces será necesario mantenerlos separados, y habrá que vigilarlos cuando salgan juntos.

Pero si va a dejarlos en el mismo lugar durante un largo periodo de tiempo sin supervisión, sepa que pueden surgir algunos problemas. Tienes que decidir si te arriesgas o no. A veces no se trata sólo de posibles peleas, sino también del daño que se hace intencionadamente entre todos.

También depende de la experiencia que tengas. Por ejemplo, no lo recomiendo para los dueños de perros por primera vez.

Los Shih Tzus y los gatos suelen convivir, pero cada situación es única. Su perro puede ver un día al gato como una amenaza potencial y atacarlo.

No hay estructuras de rango entre perros y gatos. Son especies diferentes y no se comunican bien. Que depende tanto del gato como del perro.

Si decides intentar la convivencia, debes saber que las cosas funcionarán mejor si sigues estos consejos:

- Mantenga al Shih Tzu bien atado cuando haga las "presentaciones" y no permita que persiga al gato: el comportamiento inicial allanará el camino para futuros comportamientos;
- observe el comportamiento del perro: ¿es agresivo con el gato? ¿gruñe? ¿parece molesto por su presencia?... son señales importantes, porque en algunos casos significa que un día podría pensar en matar a su gato;

- Intenta no tenerlos siempre en la misma habitación: el Barbone no tiene muchos problemas con los gatos pero la precaución nunca está de más, y además el gato podría comportarse mal con él.

El Barbone se come sus propias necesidades.

Se llama **coprofagia**. No es un problema tan común, pero algunos propietarios "luchan" constantemente con sus Shih Tzus tratando de comer sus propias necesidades. Además de que esto puede convertirse en un problema de comportamiento, también es un hábito muy peligroso. Veamos por qué.

Ciertamente no es tentador pensar en que tu mascota se coma sus propios excrementos, pero es mucho más importante pensar sobre todo en la cantidad de bacterias y enfermedades que podrían transmitirse a través de las heces. Esto es lo que realmente puede perjudicar al Shih Tzu. Si su perro también se comporta de esta manera y trata de satisfacer las necesidades no sólo de él, sino también de otros animales, la actitud se vuelve aún más peligrosa.

Si, por el contrario, tienes una madre hembra y la ves comiendo los desechos de sus cachorros recién nacidos, no te preocupes, porque es una actitud completamente normal. Las madres lo hacen por miedo a atraer a los depredadores, así que en este caso es un instinto de protección hacia las crías. Casi todos los perros hacen esto en esta situación.

Sin embargo, si no es el caso, debe intentar solucionar el problema lo antes posible.

¿Cómo? Debes prestar mucha atención a lo que hace tu Shih Tzu: tendrás que pillarlo en el acto para corregirlo.

Cada vez que esto ocurra tendrás que decir inmediatamente "no" o "vete" (obviamente basándote en las órdenes que le hayas enseñado a tu amigo de cuatro patas) y luego detenerlo.

El perro deberá tener claro que comer estiércol no está bien. Tal vez le dé una pequeña golosina para apartar su atención del excremento y luego lo elogie.

A continuación, intente averiguar el motivo del comportamiento. Tal vez su dieta no sea lo suficientemente nutritiva y busque más, aunque sea en el elemento equivocado. También es posible que sienta la necesidad de tomar vitaminas. Así que, especialmente si le das a Barbone comida casera, asegúrate de añadir un buen multivitamínico a la comida.

Recuerde siempre que un perro con estos hábitos debe mantenerse bajo control. Así que, si vas a dejarlo sin vigilancia en la casa, probablemente sea una buena idea comprobar si hay cacas de otros animales. De este modo, podrás evitar las "travesuras" incluso cuando no estés cerca para impedirlas.

Un último consejo:
1. Prueba a añadir pequeñas cantidades de piña o calabacín a su comida;
2. puedes conseguir un producto indicado para este problema en tu veterinario;
3. la mejor manera de evitar este comportamiento es limpiar inmediatamente: ya que hay que hacerlo de todos modos... ¿por qué no hacerlo ahora?
4. Mantenga a Barbone ocupado con otras órdenes: incluso un simple "Ven" le ayudará;
5. Cuando camine por zonas pobladas por muchos perros, mantenga la correa un poco más corta para mantenerla bajo control.

ANSIEDAD POR SEPARACIÓN.

Se produce cuando un perro es aislado o alejado, durante más o menos tiempo, de una persona a la que está muy unido. Algunos síntomas son:

- Micción/defecación inapropiada (para perros entrenados y no entrenados);
- comportamiento destructivo;
- ladridos y/o lloriqueos excesivos;
- persiguiendo su cola y otros comportamientos hiperactivos;
- comportamientos compulsivos como la automutilación;
- depresión.

Si el Shih Tzu tiene la costumbre de saltar por toda la casa, coger, morder y masticar cualquier cosa sin parar exclusivamente cuando lo dejas solo en casa, definitivamente se diría que sufre de ansiedad por separación.

Este estado se manifiesta generalmente por el nerviosismo, el miedo y la consiguiente agitación cada vez que el animal se queda solo en la casa.
No se puede culpar a los Shih Tzus que sufren de ansiedad por separación, ya que actúan así debido al estrés y al miedo. La única manera de aliviar todos estos sentimientos es masticar para mantener la mente ocupada.

Entonces la pregunta podría ser, ¿por qué algunos perros sufren ansiedad por separación y otros no?
Realmente difícil de responder. La causa de la angustia puede ser algo simple como el aburrimiento, o algo realmente complicado como un trauma sufrido en el pasado.

Pero la buena noticia es que en este caso no necesitas averiguar la verdadera causa: simplemente tendrás que demostrarle a tu Shih Tzu que cuando sales no es el fin del mundo.

Se recomienda que primero intente no salir de casa demasiado rápido. Será importante tratar de dar pasos lentos, esperando, entre cada movimiento, a que su perro esté tranquilo, antes de proceder al siguiente paso.

También sería útil empezar dejándole solo durante un corto periodo de tiempo e ir aumentando gradualmente, con la esperanza de que sea capaz de superar la ansiedad por separación por sí mismo. Evidentemente, este último paso no es posible para quienes tienen un trabajo a tiempo completo, pero aun así será útil seguir las sugerencias anteriores.

En este caso, también puedes intentar hacer intentos durante el fin de semana. Salga de casa sólo unos minutos cada vez y asegúrese de que el Shih Tzu le ve salir. Cada vez que vuelvas a casa, el perro se sentirá mejor, incluso cuando tengas que volver a marcharte. Empieza a aumentar gradualmente el tiempo que pasas al aire libre.

Aquí tienes algunas sugerencias extra para ti:
1. **cuando salgas/entres en casa, intenta ignorar al perro**, como si no lo hubieras echado mucho de menos; a muchos dueños, nada más llegar a casa del trabajo, les gusta ver al perro saltando y "de fiesta" por la emoción y el entusiasmo, sin entender darle importancia al evento (lo que crea ansiedad por separación o empeora una condición ya existente);
2. **dale a tu amigo algo con lo que jugar o que le mantenga ocupado**: un juguete para masticar u otros juguetes que le

gusten; si se mantiene ocupado y concentrado, no te echará tanto de menos ni notará tu ausencia;

3. **haz que Barbone haga ejercicio antes de salir**: un perro agotado apenas saltará por la casa, y si está muy cansado probablemente ni siquiera le importará que salgas, porque sólo pensará en descansar;

4. **hacer un pequeño entrenamiento antes de salir**, no ejercicio físico sino "gimnasia" para la mente y el entrenamiento: dedicar diez, quince minutos al entrenamiento, practicar las órdenes, para que pueda despejar la cabeza y mantener la calma cuando vaya a estar solo;

5. **dejar la radio encendida...** muy útil y de compañía: escuchar voces o incluso sólo música ayudará al Shih Tzu a olvidar que está solo en casa y, por tanto, también a superar la ansiedad por separación.

Con estos consejos, puedes librar a tu perro de la ansiedad por separación. Tener su propia caseta también le ayudará a relajarse y calmarse. Si esto no funciona, es posible que tenga que recurrir a la medicación de su veterinario.

Por qué el mal aliento.

En lo que respecta a la salud, no hay que subestimar el mal aliento de su perro. Puede ser un problema común cuando la dieta del cachorro no es correcta, pero también podría haber un problema de salud subyacente. Los perros no deberían tener un aliento apestoso, sino neutro e inofensivo.

Estas son las CAUSAS más comunes:

- **Dientes cariados**: como ya sabes, la comida puede quedar atrapada entre los dientes de tu perro, causar problemas e iniciar la caries;
- **Enfermedad de las encías**: el mal aliento puede indicar una enfermedad de **las encías**;
- **Problemas digestivos**: es posible que el Barbone haya comido algo maloliente o que "no era bueno" para su estómago.

La salud dental es el problema más común en estos casos. Pero si tu perro tiene mal aliento, es recomendable llevarlo al veterinario para que lo revise si el mal olor no desaparece al cabo de unos días.

→**Peligros.** Aparte de los peligros obvios (dolor, pérdida de peso, mal humor, disminución del apetito, pérdida de dientes, aumento de los gastos en el veterinario, etc.), en realidad, las enfermedades de este tipo suponen un peligro mortal para el perro. Las bacterias presentes en la acumulación de sarro pueden entrar en el torrente sanguíneo de la mascota y llegar a las válvulas del corazón y otros órganos. Por eso es importante la salud dental del Shih Tzu.

→**Prevención de los trastornos dentales.** La prevención es posible. Básicamente, hay que hacer revisiones semanales para asegurarse de que todo está en orden. Es aconsejable empezar pronto, ya que a los perros mayores no les gusta que les examinen la boca. Estas son observaciones que también puedes hacer.

Estos son algunos signos que, junto con el mal aliento, indican que la salud dental de su perro puede estar comprometida:
- Encías pálidas o sangrantes;
- dientes rotos, descoloridos o ausentes;

- La comida se cae de la boca (mientras el perro está comiendo);
- demasiadas babas;
- desinterés por los juguetes, especialmente los que le gustaban;
- Disminución del apetito;
- el perro gruñe después de una pequeña palmada en la cabeza.

Cuidado con estas señales!

Una revisión dental es una obligación para todos los propietarios de perros. Aunque tu Shih Tzu debería ser capaz de cuidar de sus dientes por sí mismo, es importante ayudarle, en parte porque la única otra cosa que podría estar causando problemas dentales y mal aliento es la comida que le estás dando.

La FLATULENCIA.

Rara vez es un problema abrumador, pero a veces (normalmente con una dieta inadecuada) nuestros perros simplemente desprenden malos olores, mucho más a menudo de lo que les gustaría a ellos mismos.

Estas son las principales CAUSAS:
- el perro puede estar comiendo demasiado rápido y tragando aire incluso junto con la comida;
- el perro puede haber comido un alimento que le haya sentado mal al estómago;
- el perro puede haber comido restos de mesa que no eran buenos para él (grasa y fibra insoluble);
- un cambio repentino en la dieta.

Sin embargo, existen remedios para reducir las flatulencias.
Aquí están las principales SOLUCIONES:
1. cambiar la dieta del Barbone, añadir alimentos más nutritivos; pida consejo a su veterinario;
2. Reduzca la cantidad de croquetas secas y aumente la cantidad de comida húmeda enlatada en las comidas principales;
3. puedes darle pastillas de carbón activo, que absorben los gases intestinales; pide consejo a tu veterinario;
4. programar una dieta en la que coma menos pero un poco más a menudo;
5. Poner dos piedras lisas y redondas en el fondo del cuenco para que el perro coma más despacio;
6. si tienes varios perros, haz que coman en habitaciones separadas para que coman más despacio y no tengan miedo de que otro les quite la comida.

Estos son los SIGNOS DE PELIGRO (cuando las flatulencias no son el único problema):

- estreñimiento;
- diarrea más de tres veces en 24 horas;
- El reposo excesivo de la barba;
- vientre hinchado, duro como un tambor.

Estos son algunos de los síntomas de incluso las condiciones médicas graves. En estos casos, es esencial ponerse en contacto con su veterinario inmediatamente.

Gusano en los intestinos.

Hay muchos parásitos y lombrices intestinales que debes conocer, porque también podrían infectar a tu perro:

- tenias;
- nematodos;
- anquilostomas;
- tricocéfalo;
- parásitos unicelulares.

Los gusanos que afectan a los cachorros les ponen en una situación peligrosa: su sistema inmunitario no puede combatirlos adecuadamente. He aquí una lista de señales de advertencia:

- el pelo seco y enmarañado;
- piel seca y escamosa;
- Fatiga y falta de energía (los gusanos se alimentan de la sangre del animal);
- pérdida de apetito;
- pérdida de peso;
- en casos esporádicos, diarrea y/o vómitos persistentes.

Para tratar las lombrices, debe concertar una cita con su veterinario.

Los PULSOS.

Son unos bichos desagradables que, una vez instalados en su perro, invadirán su casa y su jardín.
Este es un problema grave: estas pequeñas criaturas serán capaces de producir miles de huevos, y una vez que nazcan las crías entrarás en un círculo vicioso sin fin.

Deshacerse de las pulgas es un proceso que requiere mucho tiempo. Si tienes más de una mascota en casa, es muy probable que acaben en todas ellas.

¿Cómo tratar las pulgas?
Tienes dos opciones para eliminar el problema:
1. Hay **productos químicos que también pueden desinfectar toda la casa**; el inconveniente es que es un tratamiento extremadamente tóxico, por lo que tendrás que airear inmediatamente después;
2. puedes **aspirar el apartamento muy a menudo y lavar la ropa de cama del perro con agua caliente tan a menudo como** puedas: esta es la opción recomendada por los profesionales; de esta manera no tendrás que intoxicar el ambiente, y tampoco lo harás tú, tu familia y los animales;
3. **existen tratamientos para Barbone que se obtienen con prescripción veterinaria**: son terapias potentes que sirven no sólo para las pulgas, sino también para la filaria, los ácaros del oído, la sarna y las garrapatas.

Esto es lo que debe evitar definitivamente si su perro tiene pulgas:
1. y las pulgas saldrán enseguida e invadirán la casa;

2. utilizar collares antipulgas: son conocidos por crear reacciones negativas en el animal, como pérdida de pelo, alergias y, a veces, convulsiones; por lo tanto, no se recomiendan.

Sin embargo, con un poco de paciencia y la ayuda de su veterinario, incluso este problema puede resolverse. Sin embargo, es aconsejable revisar la piel de su perro con frecuencia, especialmente después de estar en compañía de otros perros o gatos.

Capítulo 7 - <u>Comandos para enseñar a</u> <u>su Shih Tzu</u>

En este último capítulo vamos a destacar las órdenes básicas, imprescindibles cuando se convive con un Shih Tzu.

- ## "¡Ven!" (recuerdo)

Es la más importante y una de las primeras que se enseñan al perro durante las primeras etapas del adiestramiento. Puedes empezar con este comando porque es sencillo de dominar y explicar. Y definitivamente lo necesitarás antes de permitir que el Shih Tzu corra sin correa.

Será un poco difícil para el perro recordar la palabra "Ven", especialmente cuando esté haciendo algo divertido y emocionante. Si entonces lo eliges como tu primer comando, tienes que considerar que te llevará un poco más de tiempo del que esperas. Por eso se necesita mucho entrenamiento, con varias distracciones entre sesiones.

Siga estos sencillos pasos para enseñar rápidamente la orden "Ven":
1. prepara todo lo que necesita, en este caso el premio;
2. Alarga la correa poniendo algo de distancia entre vosotros para que pueda deambular y estar en una posición segura;
3. Bájate a la altura del perro y abre los brazos como si quisieras abrazarlo (sin acercarte);
4. le llama con voz muy alegre: "...¡ven!";
5. si no hay respuesta, tira un poco (sin arrastrar) para hacerle saber que acabas de darle una orden;

6. En cuanto tu cachorro camine hacia ti, empieza a elogiarlo inmediatamente. Así asociará sus pasos hacia ti con los elogios;

7. en cuanto llegue a ti, recompénsale con la golosina que elija.

La reacción de su perro a la orden también depende del entorno en el que se encuentre, de las distracciones que haya a su alrededor, etc. Por lo tanto, será importante reforzar la orden repitiéndola a menudo y en cualquier situación, para que luego sea capaz de recordarla en cualquier momento.

"¡Siéntate!"

El adiestramiento de Shih Tzus en algunos casos puede requerir un poco más de paciencia. Incluso en el caso de la orden de "sentarse", no será muy fácil. Necesitarás de quince a veinte minutos cada vez, y un momento oportuno para poder entrenarlo a sentarse.

Tendrá que hacer lo siguiente:

1. **necesitará un par de "caramelos"** como premio y unos minutos de práctica: también sería útil encontrar un lugar tranquilo y sin distracciones, porque si quiere que el Barbone aprenda rápidamente tendrá que prestarle toda la atención que necesite y deberá estar completamente concentrado en el premio que colgará ante sus ojos;

2. **llama al perro y muéstrale la "golosina"**: asegúrate de que entiende y ve bien lo que tienes en la mano; si notas que no está muy interesado, deja que la huela: si el olor es atrayente, tu pequeño amigo no podrá resistirse;

3. **ahora que tiene toda su atención**, sostenga el premio frente a él; no demasiado alto o saltará, y si aún así intenta agarrarlo, retírelo y diga "No" con firmeza, sin dejar que lo agarre;

4. **Ahora mueva la mano con la golosina hacia él**: su perro querrá mantener el contacto visual con la golosina y retrocederá o se sentará; si no se sienta, empiece de nuevo; normalmente basta con un par de intentos la primera vez, así que no se preocupe si no funciona de inmediato;

5. **Si, por el contrario, nota que su cachorro intenta sentarse, diga** la orden "siéntate" inmediatamente: debe decirla antes de que su perro se siente para que todo funcione correctamente;

6. **ahora que el Shih Tzu se ha sentado a la orden**, puedes recompensarlo con elogios y por supuesto el premio; también en este caso es importante hacerlo inmediatamente, para que pueda asociar la orden y la acción con la recompensa.

Recuerde que debe seguir practicando diariamente hasta que su perro aprenda a responder a la orden. Después puedes empezar a practicar sin recompensa.

Me gustaría decir que nunca se ayuda al perro obligándole a sentarse.

Sin embargo, el Shih Tzu aprenderá el truco mucho más rápido que otras razas, por lo que ni siquiera sería necesario. Además, es más fácil y más importante enseñar una orden a un cachorro de manera que lo haga todo por sí mismo, sin ninguna intervención física por tu parte.

"¡Abajo!"

Esta es una orden difícil de aprender para el Shih Tzu. Tendrá que acostarse, una posición sumisa que va directamente en contra de su naturaleza. Sin embargo, la orden será muy útil, en caso de que el perro esté demasiado excitado o se encuentre en una situación de peligro.

Aquí se explica cómo entrenar al Shih Tzu para que ejecute la orden "Abajo":

1. aplique presión en la espalda del perro con su mano izquierda;
2. Usa tu mano derecha para ayudarle con las patas y, mientras tanto, repite el nombre de tu amigo seguido de la orden;
3. mantener el contacto visual con él;
4. espera unos diez segundos;
5. En cuanto esté en posición, dígale "Muy bien" o "De acuerdo" y elógielo con entusiasmo;
6. Repite diez veces en cada sesión de entrenamiento.

Tras un poco de insistencia, el cachorro sabrá automáticamente lo que tiene que hacer tras escuchar la orden.

"¡Bien!" y "¡No!"

"OK" o "Muy bien" es la orden que se utiliza para "despedir" o "liberar" al cachorro de una orden concreta. Por ejemplo: le has dado al perro la orden "siéntate". Él actuó y usar la orden "OK" es como darle permiso para dejar de estar en esa posición particular.

El "no" sólo es útil cuando necesitas desaprobar el mal comportamiento de tu mascota. Por lo tanto, debería ser una orden universal que el Shih Tzu y todos sus compañeros de raza entienden, y significa que están haciendo algo mal. Es una orden muy eficaz cuando se necesita dar un claro mensaje negativo de desaprobación. Lo importante es utilizarlo en el momento, no después de haber cometido la fechoría.

"¡Aquí!" y "¡Suelta!"

Mantener y soltar son comandos muy útiles en diversas situaciones. Los siguientes pasos le mostrarán cómo entrenar a su perro para que obedezca órdenes con éxito.

La orden de retención
1. Tome un objeto blando (preferiblemente algo como una pelota de tenis) y colóquelo en la boca de su espécimen. Asegúrate de que no sea demasiado grande y que, por tanto, no le haga sentirse incómodo o angustiado.
2. Después de colocar el objeto, repite la orden "(nombre del perro) ... Aquí".
3. Si continúa sosteniendo el objeto, elogie a su mascota.

Después de unas pocas repeticiones aprenderá a sostener el objeto.
El comando de liberación

Es probable que sea más difícil enseñarle esta orden. Pero es muy importante enseñárselo para que pueda utilizarlo en situaciones especiales: por ejemplo, si se mete algo valioso o peligroso en la boca; así no tendrías que luchar y arriesgarte a lesionarte para que suelte lo que ha cogido. La intención principal, por tanto, es conseguir que el Barbone suelte la boca y deje caer todo lo que hay en ella.

Puedes enseñar este truco a tu perro en cualquier etapa de su vida, pero es mejor empezar cuanto antes.

FASE UNO:
1. Consigue un par de artículos masticables que tu pequeño prefiera y una bolsa de golosinas/premios.
2. Busca un lugar con muy pocas distracciones.

3. Coge una golosina y dale al perro el objeto o juguete que has traído para masticar. Permita que lo mastique.
4. En este momento pon el premio sobre su nariz y di la orden "¡Suéltalo!".
5. En cuanto realice la acción soltando el objeto en la boca, puede darle la golosina acompañada de un elogio entusiasta.
6. Vuelve a empezar y repite el ejercicio diez veces al día.

FASE DOS:

1. Mantenga la bolsa de golosinas cerca, pero no sostenga el premio en su mano.
2. Dale al perro un objeto para que lo muerda.
3. En algún momento pon tus dedos sobre su nariz, como si estuvieras sosteniendo el premio.
4. Ahora di la orden.
5. Si el perro no obedece, vuelva al segundo paso.
6. En cuanto ejecute la orden correctamente, elógielo con entusiasmo y dele un par de premios.
7. Repita el ejercicio diez veces al día o hasta que el Barbone se vuelva completamente obediente.

FASE TRES:

El último paso es repetir el ejercicio **sin poner la mano sobre su nariz**.

El objetivo es que se acostumbre a dejar objetos como el mando a distancia, los lápices, los zapatos, etc., aunque no estés cerca.

Cuando lo domine, puedes utilizar la orden para asegurarte de que se comporta correctamente y no se "come" objetos que no son sus juguetes.

"¡Atrapa!"

Esta parte del adiestramiento del perro consiste en buscar algo: una actividad estupenda que es divertida y gratificante. Cuando esté en el parque o en el patio trasero, pida a su Shih Tzu que recupere una pelota u otro objeto: así se divertirá, pero no sólo: hará ejercicio físico y mental, y descargará parte de su energía.

Para completar el ejercicio, su perro <u>deberá haber aprendido previamente a sentarse y a sujetar y dejar objetos.</u>

Después, aquí están los pasos para enseñarle:

1. Pídale al cachorro que se siente y permanezca en esa posición mientras usted sostiene la pelota.
2. Enséñale el balón y luego lánzalo. Verás que el Shih Tzu irá directamente a por él.
3. Mientras él corre, tú dices la orden en voz alta.
4. En el momento en que está a punto de atrapar el balón, pronuncia la orden de retenerlo y luego de soltarlo.
5. Elogie a su cachorro y repítalo diez veces al día o hasta que su perro lo domine todo a la perfección.

"¡Revuélcate!"

Como el nombre de la orden sugiere, el perro tendrá que aprender a rodar por el suelo a trescientos sesenta grados, y luego volver a la posición inicial de nuevo. Sin embargo, tenga en cuenta que para aprender el ejercicio, el Shih Tzu deberá conocer la orden "abajo". Estos son los pasos para enseñarle a hacer la orden.

1. Pídele al perro que se ponga "abajo".
2. Empuje suavemente hacia un lado.
3. Mientras lo haces, di la orden.
4. Elógialo cada vez que consiga darse la vuelta.
5. Repite el proceso hasta que haya asociado la acción y la orden, y pueda hacer todo sin ayuda.

El ejercicio requiere muchas repeticiones hasta que su perro entienda finalmente lo que le pide que haga. La primera vez que ejecute con éxito la orden sin tu ayuda manual, elógialo incluso exageradamente... para que lo recuerde bien.

Esto es básicamente lo que tendrás que hacer con los controles. Recuerda tener paciencia.

Made in the USA
Coppell, TX
26 March 2025

47559275R00080